LE SILENCE DE BÉTHARRAM

Alain Esquerre
et
Clémence Badault

Avec la collaboration de Tiphaine Pioger

LE SILENCE DE BÉTHARRAM

Michel LAFON

Ce livre a, en partie, été rendu possible grâce
au travail préparatoire de Clémence Badault
dans le cadre du développement de la série documentaire
Le Système Betharram produit par SOLENT PRODUCTION

14, boulevard de la Madeleine – CS 62204
75373 Paris Cedex 08
www.michel-lafon.com

Ce récit est dédié à tous les enfants victimes de violences physiques, morales et sexuelles commises par des adultes.

Avant-propos

La légende raconte qu'en l'an mille cinq cent quinze, le Béarn connut un miracle. Une jeune fille qui se penchait au bord du gave de Pau pour cueillir une fleur tomba dans la rivière. Sur le point de se noyer, la malheureuse invoqua à cor et à cri la Vierge Marie du sanctuaire tout proche. À ce moment précis, une branche d'arbre se dressa face à la jouvencelle. « Un cadeau de la Madone », se dit la fille qui attrapa le rameau et sauva sa peau. Ainsi naissait *Beth arram*, littéralement « beau rameau » en béarnais. Depuis 2009, Le Beau Rameau est d'ailleurs le nom du collège de garçons qui se trouve en ces lieux. J'y ai passé six ans, bien avant ce changement de nom.

En réalité, j'ai vécu dans cet antre de la violence bien plus de temps que cela. Pendant quarante années, mon esprit a continué à vagabonder dans les couloirs de cette colossale bâtisse. Avant une époque récente, je ne voyais pas que nous étions si nombreux à hanter sa salle d'étude, ses dortoirs, le bureau capitonné du directeur ou le perron. Chacun était coincé dans une extrême solitude. Nous étions les enfants fantômes de Notre-Dame de Bétharram. Je vous conte ici notre histoire.

J'écris sans haine, soyez-en certains. Mon espoir est de parvenir à susciter une réflexion sur le sens du déni collectif dont a souffert la société béarnaise, particulièrement ses enfants. Il n'est aucunement question de justice dans ce texte. Les seules condamnations valables seront prononcées par un tribunal ou par une cour d'assises. Après votre lecture de cet ouvrage, je fais le vœu que chacun et chacune se sente responsable de la manière dont nous, en tant que communauté, éduquons nos petits. Plus largement, je pose la question de la façon dont nous nous traitons les uns les autres. Comment pouvons-nous faire mieux ? Ce livre est un rameau tendu à tous ceux qui voudront bien le saisir.

1.

La balade

Mon quotidien très routinier m'a toujours protégé du malheur. Du bonheur aussi, remarquez. Mes repas servis à 7 heures du matin, midi et 19 heures ; ma promenade le long du gave après le dîner. Rien n'a jamais changé. Ni mon lieu d'habitation ni mes habitudes. Les mêmes paysages, les mêmes horaires. Voilà qui est parfait pour s'éviter les tourments. Même mes relations avec celle qui partage ma vie (ma mère) sont sans effusion.

Alors pourquoi, ce jour d'automne 2023, est-ce que je quitte la maison en fin d'après-midi. Qu'est-ce qui provoque mon départ pour ma balade quotidienne avant le souper plutôt qu'après ?

La Providence frappe où et quand elle veut. Aujourd'hui, ça tombe sur moi. Et c'est ainsi que, sans savoir pourquoi, je déroge, ce soir-là, à toutes mes règles.

J'habite à Montaut, où je suis né un 18 juin. Autant dire que ma petite personne, recroquevillée dans sa vie jusqu'alors, était prédestinée sans doute à occuper une place dans l'histoire. À 53 ans, après avoir dirigé plusieurs EHPAD, je suis maintenant responsable du centre régional de l'Union des aveugles et déficients visuels. N'ayant quitté ni ma mère ni l'enfance tout court, je mène une vie au service des autres, agréable et sans risques. Ce jour-là, je sors pour la marche habituelle. Mais un peu plus tôt, voilà donc ma seule folie.

À sept cents mètres de la maison familiale, je longe le sanctuaire de Bétharram. Quand on arrive par la route de Pau, on remarque d'abord les deux chapelles, celle consacrée à saint Michel Garicoïts, le fondateur de l'ordre des prêtres du Sacré-Cœur de Jésus de Bétharram, et la chapelle Notre-Dame avec, dans son prolongement, le couvent. Puis vient un ensemble de bâtiments : l'établissement scolaire et l'internat avec la maison de retraite en face. Et enfin, le chemin de croix qui surplombe le sanctuaire sur la colline : quinze chapelles blanches classées monuments historiques qui retracent les étapes de la passion du Christ. Une petite cité à elle seule, mastodontesque, dans laquelle j'ai étudié de la classe de CM1 à la troisième. Je suis habitué à voir ces locaux, qui se trouvent tout près de ma maison. Le petit Alain violenté y a laissé un bout de lui qui le ramènera sans cesse ici, même après son départ pour le lycée. Les blessures anciennes nous attachent-elles au lieu où elles étaient infligées tant qu'elles ne sont pas refermées ? Je m'interroge en longeant les pierres beigeâtres.

À cette heure-là, les collégiens de l'établissement catholique dépendant de la congrégation du Sacré-Cœur de Notre-Dame de Bétharram sont en train de sortir de l'école, qui se situe un peu plus haut sur la colline. Je regarde ces gamins d'environ onze ans, en rang deux par deux, qui rient et chahutent un peu, insouciants comme des gamins de leur âge. Ils sont encore suffisamment jeunes pour savoir dégoter la vie là où elle se trouve, remisant les tracas pour ne garder que la joie. C'est une compétence que l'on perd, une fois adulte.

C'est à peu près à ce moment-là que je le vois. Retrouver son nom ne me prend qu'une seconde.

Il s'appelle Patrick Martin[1]. Surveillant du collège. Si ses traits ont vieilli, il n'a pas beaucoup changé. Je ne montre rien, mais je suis stupéfait, pris d'une colère sourde. Comment est-il possible qu'il travaille toujours ici ? Sans presser le pas ni le ralentir, j'observe les badineries du laïc avec les élèves. Il a le sourire confiant et la gestuelle souple de ceux qui sont à l'aise dans leur société. L'homme est à sa place. Du moins, a-t-il l'air de le penser. À cette place, qu'il occupe depuis quarante ans, s'est érigé le sanctuaire de mes souvenirs les plus amers d'adolescent.

Patrick Martin arrive à Notre-Dame de Bétharram en 1983. Il a dix-neuf ans. Contrairement aux pions qui occupent ce poste comme job d'appoint pour financer leurs études (ce que je ferai à mon tour plus tard, dans un autre établissement), le jeune homme en fait carrière. Il n'a pas d'autre ambition que de nous terroriser.

— Esquerre, viens ici !

Dans la salle de permanence, on entend les mouches voler. Ou plutôt les abeilles des ruches installées derrière la cour de l'Apostolicat. Je n'avale pas ma salive, je ne baisse pas la tête. Je crois que

1. Nous rappelons qu'à ce stade, la personne est présumée innocente. [N.d.E]

j'essaie de disparaître, voilà tout. Autour de moi, mes camarades ne me regardent pas. Je blâme intérieurement leur manque d'empathie. J'ai douze ans, je ne peux pas me figurer qu'il s'agit simplement d'une stratégie de survie. Martin, lui, joue l'agacement, mais en réalité il paraît s'amuser de ma stupéfaction.

— Sur l'estrade. Allez ! récidive-t-il.

Je reste assis, mes jambes ne me portent plus. Comment pourraient-elles m'emmener jusque là-bas ? Je continue à me taire. Je prie pour un miracle. À l'époque, l'enfant que je suis est un grand croyant. Je pense même à entrer dans les ordres, vocation d'autant plus forte que j'ai une sorte d'intuition supérieure : je serai voué à mener une vie de solitude. Pour l'heure, coincé entre quatre murs, je n'ai d'autre espoir qu'une intervention divine pour me sortir du pétrin dans lequel je me trouve.

La scène dure peut-être dix secondes. Ou bien dix minutes. Dans ce genre de moments, le temps est une donnée bien relative. Je ne saurais donc quantifier la patience de mon oppresseur. Mais elle a une limite. Et quand celle-ci est atteinte, Patrick Martin se lève de son siège. Il marche tout droit, avec une sorte de gravité sournoise. Il a le pouvoir sur nous, il le sait, et il en profite.

Le surveillant se plante devant moi. Il ménage le suspense. Jouit un peu de mon regard d'agneau asservi. Et me saisit par l'oreille. Il pince fort le cartilage entre son pouce et son index, et me sort de la classe pour une dérouillée qui se tiendra loin des yeux, mais à portée d'ouïe. Devant ma détresse, personne n'a protesté. Dieu non plus n'est pas intervenu ce jour-là.

C'est à ce jour que je repense quand la file de têtes blondes se met à traverser la route, sur le petit passage piéton qui sépare le terrain de sport des dortoirs. À cette heure-ci, ils doivent se rendre à l'internat. Je m'arrête et les laisse passer.

— Bonjour, Monsieur ! lancent plusieurs garçons.

Ils sont si polis et vivants. Patrick Martin ne mérite pas de passer ses journées auprès d'eux, c'est ce que je me dis en les regardant. Cet homme a passé l'intégralité de sa carrière dans notre établissement. Je n'arrive pas à croire qu'il soit encore là. Personne n'a jamais eu envie de virer ce bourreau ? Le surveillant arrive à mon niveau. Soudain, il me voit. Nos regards se croisent. J'ai déjà revu Martin à deux ou trois reprises fortuitement (je vis si près de Bétharram). Des années après mon départ de Bétharram. Chaque fois, j'ai baissé les yeux, stressé et honteux. Les enfants baissent toujours les yeux devant leur agresseur, même une fois devenus grands.

Pourtant, ce fameux jour, quelque chose me paraît différent. Est-ce à cause des collégiens qui continuent à me saluer, les uns après les autres, de leurs voix innocentes ? Ou l'âge qui me gagne ? L'échange muet entre nos pupilles dure quelques secondes. Nos visages à tous deux sont placides. Nous ne partageons rien. Ni animosité ni complaisance, rien. Mais pour la première fois, je ne baisse pas les yeux, je reste droit face à lui et à ses violences impunies sur mon corps d'enfant. Pour la première fois, j'ai le courage de les observer. Pour la première fois, c'est Martin qui détourne le regard.

Et en moi s'allume un feu.

2.

La première fois

De violences commises à mon encontre par mon père, ma mémoire ne contient qu'un seul souvenir. C'était un été avant ma scolarisation à Bétharram. Je devais avoir environ huit ans. Mon grand frère et moi avions décidé de construire une cabane. Nous étions donc partis tous les deux « récupérer » – c'était le mot que j'employais alors – du bois dans une ferme à l'autre bout du village de Montaut. Le terme exact serait plutôt « voler » du bois. Contrairement à moi, mon frère, qui avait six ans de plus, le savait. Mais nous n'avions pas tant d'activités par chez nous, ni vraiment d'amis de notre âge pour jouer. La décision avait été rapide à prendre. L'entreprise était trop réjouissante pour s'embarrasser de considérations d'adultes qui, de toute manière, la plupart du temps, ne s'intéressaient pas à nous. Nous traversions donc le village avec nos planches sous le bras. Nous ne passions pas inaperçus. Dans les communes de cette taille, un millier d'habitants qui se connaissent tous les uns les autres, personne ne passe jamais inaperçu. Aucun ne l'avouera jamais, mais c'est ainsi : tout le monde observe tout le monde, et chacun se sait surveillé. C'est la vie de ces petits villages. Une mégère du coin, plutôt que de nous arrêter en chemin, avait préféré téléphoner à la maison pour raconter notre périple à mon père. De retour à la maison, j'avais pris cette unique – et mémorable – claque.

Mon père travaillait à l'usine Turbomeca (aujourd'hui Safran). Il n'y était pas ouvrier, mais serveur. Au sous-sol de l'entreprise, dans une cave voûtée, il y avait un bar rempli de bouteilles où Joseph Szydlowski, le fondateur de la société, recevait ses clients. Derrière son comptoir, mon père était à sa disposition. Malheureusement, les bouteilles étaient, quant à elles, à la disposition de mon père, et il rentrait souvent à la maison puant l'alcool et la cigarette, en sifflotant – c'était le signe qu'il fallait se terrer dans un coin de la maison et se faire oublier.

L'ivresse étant rarement synonyme de douceur (en tout cas chez lui), je jouais au roi du silence. J'existais certes peu, mais personne ne venait me chercher des poux.

« Le roi du silence ». Quand il s'agit d'évoquer mon caractère, c'est l'expression qui me vient. J'ai compris très tôt que faire ce que les autres attendaient de moi me sauverait. Et cela me portait chance, du moins à la maison. En revanche, tandis que je courbais l'échine, mon frère et ma mère s'opposaient vivement à l'ivrognerie de mon père. Cela finissait généralement par des coups, d'un côté comme de l'autre. La rébellion n'était jamais fructueuse. Je réalise aujourd'hui que le sentiment de sécurité à l'intérieur de moi n'était alors pas très grand. C'était comme ça. Les enfants croient toujours que ce qu'ils vivent chez eux est l'unique manière d'exister et qu'il en est ainsi dans tous les foyers. Ses parents ne lui ayant jamais appris la tendresse, ma mère m'aimait en silence. C'était bien sûr mieux que les fracas de mon père. Mais ni l'une ni l'autre de ces méthodes ne me donnèrent le courage de leur raconter les roustes de Martin et la double gifle de Broqué[1].

Pour celle-ci, la foudre avait frappé peu après la rentrée scolaire de CM2, dans la classe d'André

1. Nous rappelons qu'à ce stade la personne est présumée innocente.

Broqué. Notre-Dame de Bétharram accueillait les élèves dès le CM1 – voire le CE2, sur dérogation. Cela faisait un an que j'étais scolarisé là. Au début, l'école était un lieu empreint de mystère. À vingt kilomètres de Lourdes, vous imaginez bien, nous sommes tous biberonnés aux miracles ! Je n'avais jamais entendu parler de violences, juste d'une éducation à la dure qui formait des hommes, des vrais. Je dis cela avec ironie aujourd'hui, mais c'était le genre d'expression que l'on employait alors. C'est aussi ce que m'en avait dit mon grand frère, qui y avait été scolarisé avant moi. La première fois que j'ai traversé le pont sur le gave de Pau pour rejoindre l'établissement amarré le long du fleuve, tel un long paquebot blanc, j'étais partagé entre la fierté d'intégrer une école si prestigieuse, de me sentir comme un grand, et une forme de crainte ou d'effroi face à la rigueur écrasante qui émanait des lieux. Ces lieux sculpturaux, les professeurs, le père directeur : tout était impressionnant. Certains enfants de CM1 tenaient une peluche entre leurs mains et pleuraient à l'idée de quitter leurs parents. Je me disais que j'avais de la chance : en tant qu'externe, je serai de retour dès le déjeuner à la maison.

En cette fin de primaire, je n'avais qu'un seul ami, originaire d'Arudy entre Pau et Oloron-Sainte-Marie, un garçon que j'admirais pour son enthousiasme et sa perspicacité : Jacques. Jacques et moi avions pris l'habitude de jouer ensemble dans la cour. On adorait s'inventer des défis, « faire les cons » comme on disait à l'époque.

— À chaque station du calvaire, tu sais, à chaque scène représentée sous verre, il y a un message qui indique le lieu d'un trésor, je lance à Jacques un mercredi après-midi. L'accès est compliqué, il faut passer au-dessus de cette grille de protection de plus de deux mètres ! Il faut faire super gaffe, car à son extrémité, regarde, des piques !

Les sourcils froncés par la soif d'aventure, Jacques se montre attentif à ma description. Il ne lui faut que quelques instants pour comprendre que je fais référence à la stèle située un peu plus haut dans la cour. L'imposante grille et les piques acérées qui blindent l'édifice, donnent la sensation que la chapelle recèle un secret que seuls les plus audacieux – en l'occurrence, nous – pourraient découvrir. Jacques et moi gardons un œil sur le surveillant. Dès qu'il commence à s'éloigner, mon compère me lance un regard complice. À toute vitesse, nous escaladons la barrière, attentifs à ne pas nous blesser sur les pointes de fer. Arrivés de l'autre côté, un frisson de victoire nous parcourt. À l'intérieur de la chapelle, quelque chose attire notre regard : une boîte, soigneusement dissimulée. À l'intérieur se trouve un message. Nos cœurs d'aventuriers battent fort. C'est sûr, nous sommes sur le point de faire une découverte qui va changer nos vies à tout jamais. Je déplie le morceau de papier et… mince ! Le message est en latin. Nous sommes stoppés net : quelle erreur de ne pas avoir choisi cette option ! Fin de l'escapade mystique. Jacques et Alain, les Indiana Jones des Pyrénées, rentrent chez leurs mères.

Voilà le petit garçon que j'étais, avant de rencontrer Broqué. Avec Jacques, mon seul copain, nous étions sur la même longueur d'onde : intrépides et aventureux, ayant soif de découvertes, d'aventures, de liberté, nous n'étions pas les derniers à tester les limites ou à inventer des «conneries de gamins». Mais tout a changé avec Broqué, en CM2.

L'instituteur, que nous surnommions «Roquet», comme pour dédramatiser avec nos mots de gosses ses accès de violence, est un homme grand et sec d'à peine une trentaine d'années. Comme beaucoup de professeurs ici, il a de longs doigts. Je me dis que c'est peut-être un critère de recrutement. Assis à mon pupitre, je réalise que je n'ai pas de stylo.

— Tu me prêtes un stylo ? je demande en me retournant vers mon voisin de derrière.

— Esquerre, vous êtes un peu agité aujourd'hui, dit M. Broqué en s'approchant. J'ai ce qu'il vous faut pour vous calmer.

L'instituteur déploie ses bras comme pour s'envoler, et abat deux claques puissantes sur mon visage. Elles résonnent fort dans mes oreilles. Je sens les larmes monter de douleur et d'humiliation. Roquet, lui, est calme et satisfait, comme s'il venait de mettre fin à un problème.

— Vous y réfléchirez à deux fois avant de vous retourner sans en demander l'autorisation.

Je crois que mon cerveau s'est déconnecté à ce moment-là. Je rejoins ma place et étouffe mes sanglots.

À la fin de cette journée inaugurale d'une longue série de maltraitances, je croise le père Pierre Silviet-Carricart. C'est le directeur de Notre-Dame de Bétharram, au temps de ma scolarité. Avec son visage rond et ses petites taches rouges sur les joues, il ressemble à un gros fruit trop mûr. Entre nous, on l'appelle Papi fraise ! Dans cet univers de rigueur et de violence, il fait figure d'exception. Parce qu'il est apaisant, les enfants se confient volontiers à lui. Après la rouste que vient de m'administrer Roquet, je ne suis pas contre une parole de réconfort. Papi fraise, me voyant pleurer, s'approche de moi.

— Qu'y a-t-il, mon petit ? me souffle-t-il.

— J'ai pris un coup, dis-je penaud, en essuyant de la manche de mon blouson le mélange de morve et de larmes qui mouille mon visage.

Carricart est un religieux, mais il ne porte pas la soutane. Il est toujours vêtu d'une veste de costume et d'un pantalon bleu pétrole. Il est très chic, et même parfumé, c'est rare chez les prêtres. Pour me consoler, il caresse ma joue avec tendresse. Il est si grand qu'il doit se pencher pour m'atteindre.

— Oh, mon pauvre petit, s'apitoie doucement le directeur, si tu l'as pris, c'est sûrement que tu dois l'avoir mérité.

Je me doutais bien qu'il n'allait pas passer un savon à M. Broqué – solidarité de corps religieux et professoral. Mais cette phrase m'écœure. Je n'ai rien fait ! Je le jure ! L'instituteur m'a désigné par hasard, ou par méchanceté – ce n'était pas la première fois qu'il frappait un élève. Pourquoi ne m'emmène-t-il pas au moins m'expliquer avec lui ? Je me suis fait taper pour rien du tout ! J'ai envie de gueuler l'injustice à la face du père Carricart, mais je ne le fais pas. Je reste silencieux. Perplexe face à son analyse. Pour moi, c'est la personne la plus bienveillante de l'école. Si lui, le plus gentil, valide les actions de l'autre adulte, alors peut-être y a-t-il une toute petite probabilité que j'aie mal compris la situation et que je sois, sans en mesurer les tenants et les aboutissants, coupable de quelques méfaits, bien involontaires. J'ai beau savoir que je n'ai rien fait, à douze ans, les certitudes sont fragiles. Dans ma tête, le doute s'instille.

C'est la première fois que je suis physiquement violenté par Bétharram.

Et je n'en parle à personne d'autre qu'au directeur. Pas même à mon frère. Pas même à Jacques. Et personne ne m'en reparle non plus. J'avais déjà vu des élèves prendre des coups de règle, mais ça n'était jamais tombé sur moi. J'éprouvais alors, comme mes camarades, un mélange de soulagement de ne pas être la cible des coups et de culpabilité : d'éprouver ce sentiment, de ne pas être capable d'intervenir ou simplement de m'exprimer.

Puisque je ne dis rien de cette première, comment parler des suivantes ? C'est ainsi que s'installe la loi du silence.

3.

Le poète disparu

Ce jour d'octobre 2023, sitôt rentré de cette promenade atypique, je fais des recherches sur Internet. On ne trouve aucune photo de Patrick Martin. Dans les groupes de discussion consacrés à Notre-Dame de Bétharram sur les réseaux sociaux, rien n'évoque les brimades du surveillant ni de personne d'autre, d'ailleurs. Au contraire, les anciens élèves sont dithyrambiques sur l'enseignement et les méthodes. Et s'ils ont été battus, ils en gardent une certaine fierté. Certaines expressions me blessent : des « on le méritait » par dizaines, suivis de « je n'étais pas sage », « j'étais turbulent », « besoin d'être remis sur les rails », « repris en main », « c'est normal, j'étais un poids pour mes parents», «j'avais été viré ailleurs, Bétharram était ma dernière chance». Nos parents savaient-ils que leurs mots seraient mâchonnés durant toute notre enfance, digérés, recrachés à l'identique ? Qu'ils affecteraient la vision que nous aurions de nous-mêmes pour toujours ? Et vous, me dis-je devant les inepties de mes anciens camarades, n'avez-vous aucune considération pour les enfants que vous avez été ? À croire que le passage à l'âge adulte les a rangés du côté des forts et qu'aucune remise en question des grandes personnes de l'époque n'était possible. Les mêmes conneries rabâchées, encore et encore, ont fait de nous, *ad vitam*, des enfants perdus.

À vrai dire, je ne suis pas très surpris de ce que je lis. Mes sorties de révolté ne datent pas d'hier. Autant je ne disais rien enfant, autant une fois jeune adulte j'ai commencé à parler des violences et à clamer que ce n'était pas normal. Sans succès. En 1991 par exemple, lors d'un anniversaire chez mon frère avec une vingtaine de copains à lui, dont beaucoup d'anciens de Bétharram, j'ai au cours de la soirée essayé de susciter le désir de se livrer parmi les convives. Chaque fois, les mêmes réponses, les mêmes rengaines. Qu'on le veuille ou non, c'était «quand même bien fait pour nous». Je n'ai jamais arrêté de me battre pour qu'on m'écoute et, surtout, pour que les autres parlent enfin. Je n'ai jamais cru aux bla-bla de perroquets.

Parmi les anciens qui prennent part aux discussions sur Internet, il y a Skhal Gle. C'est son pseudo sur Facebook. Contrairement aux autres, il a l'air remonté contre l'institution. Les « ce n'était pas si mal après tout », il les défonce à coups de mots. Il ne raconte rien de personnel, mais excelle dans l'usage des noms d'oiseaux. Je ne sais pas quel âge a ce type, mais ses paroles, sous leur caractère fleuri, trahissent l'enfant blessé qu'il a été. Parce qu'il est le seul à s'opposer à Bétharram, ses interventions me touchent. Elles m'encouragent. Il y a dans ce bas monde des garçons qui se sentent victimes, comme moi. Peut-être leur manque-t-il seulement un espace pour déposer leur parole ?

Cette idée m'incite à proposer quelque chose. Le 10 octobre 2023, je passe le pas et crée le groupe Facebook « Les anciens du collège et du lycée de Bétharram, victimes de l'institution ». Le hic, c'est que je n'ai gardé aucun copain de cette époque. À bien y réfléchir, je n'ai d'ailleurs jamais eu de véritable ami, ni au collège, ni au lycée, ni ailleurs. Même avec Jacques, nous nous sommes éloignés très vite. La solitude a été ma seule compagne de vie ou presque. Pour faire connaître mon initiative, je ne peux donc pas vraiment compter sur les relations sociales que j'ai tissées. Alors je me rends sur tout un tas d'autres groupes pour faire la publicité du mien et en donner le lien. Et puis, j'attends.

Qui viendra ? S'agira-t-il de complets inconnus ? Ou bien, reverrai-je certains camarades de classe ? Ce questionnement fait monter en moi une angoisse : et Loïc ?

Sur le livret contenant les photos de chaque classe, je n'avais gribouillé qu'un visage : le sien. À Bétharram, Loïc est le seul élève qui m'ait affligé autant de misères que les grandes personnes. C'était un petit blondinet du même âge que moi, au visage d'ange, mais au comportement de diable. Moqueries incessantes, coups en douce dans les côtes, dénonciations… Il se pavanait dans les couloirs, premier de la classe en tout et chouchou des profs – cela va sans dire. Je le détestais autant que j'aurais voulu être son ami. Derrière le mal qu'il incarnait si fort, ce garçon brillait. Personne ne pouvait échapper à la clinquante réussite qu'il imposait à nos cerveaux fatigués du rythme bétharramite auquel il paraissait, lui, se faire à merveille. Devant mon ordinateur ce jour-là, je me fais donc cette promesse : s'il demande un jour à intégrer mon groupe Facebook, je dirai non.

Quiconque a un jour créé un club a craint de s'y retrouver seul. Pendant trois jours, j'expérimente ce sentiment. Moi qui vis très bien avec la solitude, j'ai cette fois la hantise de n'être jamais rejoint. Pour échapper à cette perspective, je sors me balader à Bétharram et je prends des photos des lieux symboliques de l'époque (de l'extérieur, car tout est fermé, certains lieux sont même à l'abandon). Dans l'espoir de réveiller des souvenirs enfouis, je poste mes clichés sur mon groupe. La salle de dessin de Betty, la professeure d'arts plastiques, qui nous avait accusés de lui avoir volé de l'argent et menacés, par l'intermédiaire d'André Broqué, de nous déshabiller entièrement si le coupable ne se dénonçait pas – l'argent avait fini par réapparaître miraculeusement ; le terrain de sport où nous nous changions dans des cabines à ciel ouvert, trop lentement pour Lavidalle[1], le professeur, qui venait frotter de longues orties contre nos corps dénudés pour que nous accélérions ; le perron, lieu de sévices de « Cheval », le surveillant, une vraie brute épaisse. Chaque lieu suscite en moi des flashs. J'espère que l'effet sera le même chez d'autres et que les clichés agiront comme autant de détonateurs. Encore faut-il que des gens rejoignent le groupe ou découvrent son existence.

1. Nous rappelons qu'à ce stade la personne est présumée innocente.

Trois jours plus tard, je reçois une notification. Puis deux, puis trois. Régulièrement, je suis informé qu'un nouvel internaute a rejoint le groupe. Rapidement, nous sommes une grosse quinzaine. Un ancien élève de l'établissement prénommé Alexandre H., de cinq ans mon cadet, m'écrit en privé. Violé par son beau-père à la maison, il a subi des violences sexuelles par un prêtre de Bétharram. Toute sa vie, Alexandre H. s'est débattu avec ces malheurs et a fini par tomber dans la drogue. Il a touché à tout pour oublier. Il vit à la rue aujourd'hui. Il m'informe qu'il a saisi la « Commission reconnaissance et réparation » (CRR) et qu'ils ont accédé à sa demande. Le coût de ses viols, me dit-il, a été évalué à quarante mille euros. Mais que faire de l'argent de la souffrance ? Il a tout donné à des associations. Avec son autorisation, je poste le courrier qu'il a reçu de la CRR sur le groupe. Je suis dévasté pour Alexandre. Pour autant, je ne me reconnais pas du tout dans son histoire. Pour moi, Bétharram, ce sont les punitions sur le perron et les gifles qu'on entend claquer quand on se promène près du bâtiment d'étude. Ce ne sont pas les viols. Comme souvent dans les histoires de violences sexuelles, je tente de me rassurer : ceci n'est pas le sujet, mais un acte isolé.

Timidement, les membres du groupe postent à leur tour de brèves publications. L'absence de papier dans les toilettes, les douches hebdomadaires et froides, les repas périmés à la cantine, et puis les claques aussi. Je continue de nourrir la réflexion avec des photos de classe de l'époque. Comme je suis très conservateur, je ressors de mes placards les vieilles plaquettes qui vantent la « possibilité de dialogue » entre l'élève et les membres de l'équipe pédagogique (quelle ironie). Un jour, je reçois une nouvelle notification d'adhésion. « Skhal-gle a rejoint le groupe des Anciens ». Puis aussitôt, un message dans ma boîte privée. Il propose que nous nous appelions.

Skhal Gle s'appelle en réalité Pascal Gélie. Il n'a que trois ans de moins que moi, mais sa voix et son phrasé me donnent l'impression qu'il est bien plus jeune. Il n'a fait qu'une année à Bétharram, en 1989.

Contrairement à moi, qui étais contraint d'y étudier par proximité géographique, Pascal avait fait le choix de Bétharram tout seul. Son déclic s'était produit le jour où il avait vu au cinéma *Le Cercle des poètes disparus*, le célèbre film de Peter Weir. Il était sorti de la salle avec le désir de trouver, dans la vraie vie, l'esprit de camaraderie entre adolescents dont l'émulation collective et la quête de soi étaient permises par le personnage-guide interprété par Robin Williams. Il avait découvert la plaquette de l'établissement de Notre-Dame de Bétharram chez un copain et avait été hypnotisé par les photos et la promesse de devenir comme ces jeunes hommes, épanouis et éduqués. Oui, c'était cela qu'il recherchait ! Il avait supplié ses parents de l'y envoyer. C'était cher, 10 000 francs par an, et c'était loin, avaient-ils d'abord répondu. 250 kilomètres de Bordeaux où habitait la famille, ce n'était pas très pratique. « Mais ne vous en faites pas, rassurait le gamin, un car passe prendre les élèves de Gironde en passant par la côte basque, le dimanche soir ». Pascal Gélie avait eu réponse à tout (j'apprendrai plus tard la ténacité de ce garçon) et ses parents, arrivés à bout d'arguments, avaient fini par céder.

— Dès le premier soir, j'ai compris que je venais de faire la plus grosse bêtise de toute ma vie.

Allongé dans son lit, sur le dos avec interdiction de croiser les jambes (seule position tolérée à l'internat) ou d'aller aux toilettes (où d'ailleurs, il n'a jamais vu la trace d'un rouleau de papier), Pascal se morfond. Avant de rentrer dans cette classe de seconde, il avait connu les boums, les filles, la joie d'avoir quinze ans… À la différence de ceux qui n'avaient vécu que cette éducation-là depuis le CM1, Pascal voyait les dysfonctionnements et saisissait très bien la gravité de la situation. Mais comment l'avouer à ceux qui avaient, par amour, et sûrement un peu par reddition, cédé à son caprice ? Son aventure était mort-née et il venait de signer pour une vie de psychothérapie.

Il déroule son récit d'une voix éraillée. Régulièrement, Pascal doit s'arrêter. Faire une pause pour ne pas pleurer. Il ne me dit pas s'il a pris des coups, ne raconte rien de très personnel. Mais ses mots donnent l'ambiance générale. À sa copine restée à Bordeaux, il écrit qu'il subit la violence des adultes, qu'ils ne mangent pas bien (pas toujours à leur faim) et que les privations sont légion, ici. « Qu'est-ce que j'ai fait ? », marque-t-il dans une de ces lettres comme si elle pouvait fournir une réponse à cette question que je me pose, moi aussi, depuis 1981.

Pascal vit Bétharram en pleine conscience de l'injustice et des sévices. Ce dont il témoigne, je l'ai vécu, mais en moins fort. Étant externe, j'avais la chance de rentrer chaque midi et chaque soir à la maison.

Cette rencontre téléphonique scandalise l'adulte en colère que je suis, mais met du baume sur mon cœur d'enfant. Il y a comme une connexion, rare dans ma vie, entre cet homme qui semble avoir vécu un traumatisme similaire au mien et moi. Avec Pascal, je ne suis plus seul.

4.

Cheval

À partir de début novembre 2023, les choses s'accélèrent. De plus en plus de nouveaux internautes rejoignent le groupe. Certains, malveillants, viennent pourrir les débats en taxant ceux qui témoignent de menteurs. Nous serions tous des mal lunés, qui n'avons décidément rien compris à la *bonne éducation*. Je suis forcé de passer le groupe, jusqu'à présent public, en privé. Les demandes affluent tant que j'en limite l'accès. Pour participer, il faut d'abord remplir un petit formulaire expliquant les raisons de sa venue. Nous avons été trop abîmés, j'exige patte blanche de tout le monde.

À ma grande surprise, les membres ne sont pas tous là pour se libérer de leur expérience personnelle. Isabelle, par exemple. Elle n'a pas connu Bétharram, mais son frère y a été pensionnaire durant toute sa scolarité. Elle dit qu'elle cherche des réponses depuis longtemps. Que son frère est sorti traumatisé de Bétharram et que maintenant, il est mort. Le 22 novembre, elle lance un appel à tous ceux qui l'ont connu. Ce même jour, sort dans la presse un premier article. Un journaliste a appris l'existence du groupe Facebook et s'est rapproché de moi. Jusque-là, quand j'essayais de dire ce qui s'était passé, on refusait de me croire. Pour certains, c'était de la science-fiction pure et simple. Dans le meilleur des cas, j'exagérais. Je témoigne dans le papier en disant que : « Collecter ces témoignages, c'est un peu une revanche. Ces gens ont bousillé mon enfance. On avait un goulag dans les Pyrénées et il était protégé. » Ma figure renfrognée devant le mur des dortoirs, en une de *La République des Pyrénées*, ça fait tout drôle. Le jour de la prise du cliché, le photographe qui m'a fait prendre la pose m'a lancé :

— Cette affaire va faire grand bruit. On a tellement souffert ici.

De près ou de loin, c'est comme si chacun, dans la région, avait un lien avec ce paquebot de – fausse – piété amarré au bord du gave.

À partir de trente membres actifs sur le groupe, je me mets à recevoir des témoignages très précis. Dans mes messages Facebook, je lis les coups et les gifles sans fin. Je cherche dans mes souvenirs. Quand, petit, je longeais les dortoirs, remontant à droite du gazon vers les salles de classe et d'étude, j'entendais forcément une claque partir. Les calottes étaient un bruit caractéristique du domaine dont je garde un souvenir très précis, aujourd'hui encore. C'est étonnant, d'ailleurs, une baffe sèche. D'habitude, les bagarres sont des lieux d'émotions, de cris et de protestations. Ici, elles survenaient souvent sans préavis ni explications. En silence. Personne ne répliquait. Il n'y avait ni avant ni après. Juste le choc. À Bétharram, la violence est tellement institutionnalisée que les séances de brimades portent un nom : « les bouffes ». La plupart du temps, nous n'en parlons pas, mais dans les rares moments où nous arrivions à nous glisser un mot entre élèves, c'est l'expression que nous utilisions.

Au téléphone, Pascal, le poète disparu, m'en raconte une qui l'a particulièrement marqué en 1990. Sans raison, le surveillant Vignau[1] (qui deviendra plus tard le conseiller principal d'éducation du collège)

1. Nous rappelons qu'à ce stade la personne est présumée innocente.

avait saisi par les cheveux un pauvre blondinet, coupe au carré, prénommé Arnaud et qui n'avait rien fait. Il avait tiré si fort qu'une touffe s'était détachée de son crâne. Devant la tête déconfite du garçon, le surveillant avait pouffé :

— À ton avis, le directeur Carricart va me croire moi ou te croire toi ? Bon, alors, tu prends tes cheveux et tu vas les mettre à la poubelle.

Trente-cinq ans plus tard, Pascal se souvenait encore de la marche honteuse de son camarade vers la benne, sa mèche blonde à la main.

Chaque jour, de plus en plus de coups de fil et de messages me replongent dans la misère de ces années où nous étions soumis à la volonté arbitraire et toute-puissante des adultes. De la punition la plus anodine à la plus violente, la plus humiliante, il y avait toujours ce point commun : l'absence de motif, de cadre. Les élèves qui se font confisquer leurs romans de Stephen King ou leurs revues sur les mobylettes ; la douche hebdomadaire à l'eau froide ; l'interdiction de discuter le soir dans le dortoir et les punitions qui allaient avec. Je dois reconnaître que les surveillants faisaient preuve d'imagination. Si l'absence de lumière dans la chambrée empêchait d'identifier le bavard, le pion allumait et criait : « Au pied du lit ! ». Tous les élèves devaient alors se lever en silence, rester au pied de leur lit jusqu'à ce que le calme soit revenu. Cela durait parfois plus d'une heure. Certains élèves s'endormaient debout. Tout semblait fait pour anéantir dans l'œuf toute velléité de rébellion. Un interne du début des années 1990 me raconte qu'un surveillant trouvant sa salle d'étude trop agitée (il faisait très chaud ce jour-là) a menacé de gifler chaque élève si le calme ne revenait pas immédiatement. Dans la pièce, on en comptait quatre-vingts. Cinq minutes plus tard, il mettait sa sanction à exécution, épargnant dans sa grande clémence un élève sur deux. Le gars en question y avait échappé ; son voisin de table, non. Un autre, scolarisé de 1975 à 1980, m'explique qu'alors qu'il était puni dans un couloir, un frère passant par-là l'avait giflé pour le punir d'avoir été puni. La logique est casse-gueule. Redoutable, surtout.

« J'ai vu des camarades sortir la tête en sang après le passage à tabac d'un surveillant, l'un d'eux se tapait la tête contre l'angle d'un bureau à la suite de coups qu'il ne parvenait pas à encaisser », m'écrit un troisième. Pour moi, c'est une première déflagration. Je ne m'attendais pas à recevoir autant de témoignages. En confrontant mon vécu à ceux de ces victimes, je réalise durant ces quelques jours que j'ai finalement été préservé.

La plupart des récits visent un surveillant du nom de Damien Saget[1]. Je l'ai bien connu, Saget. Entre nous, nous l'appelions « Cheval ». Je l'ai précédemment évoqué.

Il avait un visage long, une mâchoire dessinée et légèrement proéminente, terminée par une fine bouche pincée, surplombée (à mon époque) d'une moustache tout aussi fine. Sa ressemblance avec l'animal était flagrante. L'autre raison de ce surnom était la chevalière qu'il arborait à l'annulaire gauche, comme le requiert la tradition de la noblesse française. Il semblait beaucoup y tenir et ne la quittait jamais. J'ai récemment appris la périphrase qui désigne ce type de bague : « l'arme blanche de mains ». Cheval incarnait cette expression avec une justesse confondante.

Un après-midi de mon année de troisième, nous sommes dans une salle du rez-de-chaussée, celle qui longe le gave. Je n'aime pas trop cette pièce humide et insalubre. Un jour, j'y ai même vu passer un gros rat qui avait jailli d'entre mes jambes ! J'avais eu tellement peur que j'en étais tombé de ma chaise. Aujourd'hui, pas de rongeur en vue ; pourtant l'animal qui s'approche en silence dans le couloir (on

1. Nous rappelons qu'à ce stade la personne est présumée innocente.

ne l'entend jamais arriver) m'effraie bien davantage. La porte finit par s'ouvrir : Cheval !

Dès qu'il pénètre dans une pièce, nous devons nous lever, les torses bombés par la gratitude et le respect. Et en silence ! Dans sa veste marron clair, Damien Saget entre dans notre cours de mathématiques comme un empereur en terrain conquis. À Bétharram, c'est un simple surveillant, mais il s'est autoproclamé *préfet de discipline*. Sur le cœur (bien que nous nous demandions tous individuellement s'il en a un) sont brodées les initiales du célèbre couturier « YSL ».

— Messieurs, les notes !

Et voilà Cheval interrompant la classe pour délivrer les précieux chiffres. Ceux qui donnent toute sa valeur au collégien. Ou le lui enlèvent, c'est selon. Les premiers de la classe sont en début de liste. Moins votre nom est haut, plus ça craint. Quand je dis « ça craint », je veux dire pour les élèves. Cheval, les brisés, les éclopés du système scolaire, il adore ça. C'est son fonds de commerce. Enfin arrive mon nom. Je suis juste en dessous de la moyenne.

— Comme d'habitude, Esquerre. Vous n'avez pas travaillé ! Vous passerez dans mon bureau.

Ma sanction sera rendue immédiatement ; d'autres sont convoqués plus tard. Tout penaud, je me lève et le suis. Avant de me faire entrer, il répète toujours la même consigne : je dois pénétrer dans la pièce les mains derrière le dos. Bah oui, réfléchissez un peu. Se protéger le visage, ce serait de la triche. Il faut pouvoir ressentir les impacts de la première gifle. Cheval retourne sa chevalière vers l'intérieur. *Vlan !* Puis la deuxième. D'abord, elle siffle, puis claque contre ma peau écarlate. La troisième aura, je le sens, un effet certain sur mes résultats scolaires. Mais moins que la quatrième, qui me rabat au sol. Cheval n'a plus qu'à finir le travail. Un coup de pied dans le ventre. Allez, prends ça, Esquerre. Encore un ! Et un dernier pour la route. Merci d'être passé. Il faut se relever maintenant.

— Allez, sortez de là.

Devant ma salle de classe, je pleure comme un petit enfant. Quoi qu'en disent les adultes, à quatorze ans, c'est encore ce que nous sommes. J'attends de retrouver mon calme avant de regagner ma place en classe. De l'autre côté du mur, tout le monde sait ce qu'il vient de se passer. Les élèves comme la professeure de mathématiques. À quoi bon en reparler ?

Je ne suis pas étonné que les premiers souvenirs des anciens de Bétharram portent sur ce malade mental. À vrai dire, c'est même exactement ce à quoi je m'attendais : les gamins, transis et effrayés, en caleçon et tee-shirt, envoyés en pleine nuit sur le perron alors qu'il fait une température négative, face à un Cheval déchaîné, le visage tendu et les muscles de la mâchoire contractés de satisfaction, les torgnoles, les bleus laissés par sa bague de famille… Certains témoignages accablants révèlent « en exclu » quelques tortures inédites. J'apprends, par exemple, l'histoire des piqûres à l'eau. Plusieurs anciens me racontent qu'un soir où ils se rendaient de nuit à l'infirmerie, Cheval les en avait arrêtés en route. Inutile, ils allaient voir, il allait les soigner lui-même. Le surveillant a alors sorti une seringue remplie d'eau et l'a planté dans le bras du garçon souffrant. J'ai eu la chance d'échapper à cette torture, mais tous ceux qui l'ont expérimenté sont sans appel : ça fait un mal de chien ! De grosses bosses apparaissent et mettent deux jours à partir.

Ceux qui m'écrivent sont mes camarades de souffrance et de honte. Nous avons tous connu l'irrespect et subi la férocité capricieuse de ceux qui, au lieu de nous élever comme ils en avaient le mandat, nous maintenaient six pieds sous terre, par la terreur. Mais je me réjouis de lire tous ces mots enfin libérés de leur silence. Leur lecture quotidienne, le soir avant le dîner, m'enthousiasme. Déjà, j'imagine le livre que je pourrais auto-éditer pour que tout le monde sache, et que cesse la barbarie. Les mémoires des enfants qui ont souffert à Bétharram. J'appellerai l'ouvrage *Le Goulag des Pyrénées,* pour témoigner de la hiérarchie omniprésente et du silence imposé. Une manière de laisser une trace d'une valeur testimoniale, réparatrice, a minima cathartique. Encrer pour mettre l'établissement hors d'état de nuire. Alors, enfin, nous pourrons laisser ça derrière nous.

Ma mère sent bien qu'il se passe quelque chose d'exaltant, mais la libération de la parole, très peu pour elle. Comme beaucoup de parents de sa génération, Maman aime le silence. Dans cette maison, on ne s'est jamais posé beaucoup de questions, de toute manière. Je n'y prête pas attention et poursuis mon recensement. Cela fait des années que j'attends ce moment.

5.

Bétharram est ma maison

Quitter Montaut m'est toujours apparu comme une idée saugrenue. En 1986, à la fin de la troisième, mes professeurs de Bétharram ont proposé à mes parents de me faire redoubler. Moi, j'en avais ma claque des corrections de Martin et Cheval que j'encaissais déjà depuis cinq années. J'étais un fervent catholique, pratiquant. Enfant, je tenais même la boutique à la fin de la messe vendant chapelets, revues, porte-clés, cartes postales… Fondé en 1832 par le prêtre basque Michel Garicoïts pour assurer l'évangélisation des pèlerins visitant le sanctuaire marial, l'ordre des prêtres du Sacré-Cœur de Jésus de Bétharram compte cinq cents religieux dispersés sur les cinq continents. La congrégation est spécialisée dans l'enseignement en France, mais aussi en Argentine, en Uruguay, au Paraguay, au Brésil, en Centrafrique et en Thaïlande. Depuis la fin du XIXe siècle, l'organisation est même reconnue par le Vatican. Cela vaut bien quelques *goodies*.

Ma haine ne s'était pas portée sur la congrégation ou l'institution, mais s'était focalisée sur mes deux bourreaux, uniquement sur eux. Avec fermeté, j'ai dit à ma mère qu'il était hors de question que je fasse une année de plus. Sans cette recommandation de redoublement, j'aurais sûrement poursuivi mon cursus ici jusqu'en terminale. Au lieu de ça, j'ai obtenu mon brevet haut la main et je suis reparti dans l'enseignement public. Bon vent, les tortionnaires.

Une fois au lycée, cela ne m'a pas empêché de revenir à Bétharram toutes les semaines. Tous les membres de la congrégation n'étaient pas violents. Certains étaient même très gentils, attentionnés, honnêtes et humbles. Je m'étais lié d'amitié avec l'un d'eux, un religieux du nom de frère Yves. Malgré notre différence d'âge – frère Yves avait 67 ans et j'en avais 15 –, nous disposions tous les deux d'une mobylette sur laquelle nous partions nous balader. La sienne était équipée d'une cagette en bois à l'arrière pour que Dick, son setter anglais, soit de la partie. Le chien profitait de nos promenades pour aller chasser le faisan. Frère Yves et moi discutions de ma vocation sacerdotale que mes traumatismes du collège n'avaient étonnamment pas émoussée.

Dès l'âge de dix ans, je jouais à donner la messe dans ma chambre. Mes porte-cierges étaient fabriqués en Lego. En grandissant, l'intuition que ma place se trouvait au service de l'Église catholique s'était renforcée. Je ne sais pas bien d'où me venait cette idée. Ma mère avait pourtant été très tôt dégoûtée de la religion par sa propre mère qui, toute petite, ayant uriné par mégarde dans son lit, avait été forcée par une bonne sœur à traverser avec son drap souillé la cour de l'établissement où elle était scolarisée. Frère Yves, qui était âgé, vivait à la maison de retraite de la congrégation, juste un peu plus haut sur la colline, en face de la salle d'étude du collège. Il y écoutait Radio Notre Dame à longueur de journée. Sa foi et sa profonde gentillesse m'inspiraient. J'avais joué aux billes au pied de ce bâtiment toute mon enfance ; désormais, je m'y rendais religieusement chaque week-end pour un projet hautement plus sérieux : planifier mon avenir.

Avant d'aborder formation à la prêtrise et célébration des sacrements, il me fallait parfois patienter cinquante bonnes minutes, pour peu que je tombe à l'heure de la prière et du sacro-saint chapelet qui l'accompagnait. Chaque jour, au quatrième étage de la maison de retraite pour prêtres, faire le chapelet consistait pour les religieux de l'établissement à défiler les uns derrière les autres dans les couloirs de l'hospice en implorant le Seigneur de pardonner leurs offenses et de ne pas les soumettre à la tentation. J'étais le seul laïc à y assister, pratiquement en cachette, avec une curiosité avide de découvrir le monde de la prêtrise. Ils étaient tous là : les bourreaux parmi les sympathiques, les taiseux et les bizarres, les ultras du catholicisme et les relativement modernes. Je connais tous leurs visages. Soixante religieux à la voix d'outre-tombe qui avancent lentement en file indienne en récitant des cantiques ; ça, c'était du folklore ! C'était pour moi un refuge qui m'évitait de passer trop de temps auprès de mon alcoolique de père.

Ce n'est qu'une fois à l'université de Pau, où je me suis inscrit en fac de droit, que j'ai abandonné l'idée de devenir prêtre. Le droit, me suis-je dit en choisissant cette voie, me donnera des bases pour apprendre à me défendre autrement qu'avec les poings – ce qui n'a jamais été mon point fort, d'ailleurs. Mes visites à Bétharram n'ont pas cessé. Il y a chez moi ce paradoxe. Une volonté de ne pas mettre tout le monde dans le même sac, peut-être ? Peu à peu, j'ai pris mes marques dans ce nouveau quotidien, « loin » de chez moi. J'ai même vécu quelque temps en Roumanie, mais je suis toujours resté attaché à Montaut et, curieusement, à Notre-Dame de Bétharram.

Les hivers y sont rigoureux. La rivière déboule avec force et le vent de la montagne s'engouffre entre les interstices de ces vieux édifices. En été, le gave reflète le soleil. Ça brille et il y fait bon. J'aime les quatre saisons de Bétharram. Les dortoirs et les chambres de surveillants longent le gave. En remontant vers la colline, vous trouvez la salle où nous allions à l'étude à droite, juste au-dessus, l'EHPAD, qui est aujourd'hui accessible aux laïcs (les vieux prêtres y résident toujours, mais finies les processions). Les salles de classe sont de l'autre côté du chemin, sur la gauche.

L'autre jour, j'y croise le frère Théodore lors de ma marche du soir.

— Dis, Théodore, je suis passé au cimetière hier. C'est le foutoir ! Il faut peut-être aller désherber les tombes, non ?

Frère Théodore plussoie.

— Prends mon numéro, lui dis-je avec enthousiasme. Quand tu lances l'opération, tu m'appelles. Je viendrai aider.

Aussi paradoxal que cela puisse paraître, je soigne ce lieu comme je cajole ma mère. Avec tendresse et exigence. Voilà le degré d'affection que je porte à la terre de mes croyances. Bétharram est ma maison. Bétharram n'a pas de secret pour moi. Et l'on sait toujours ce qu'il se passe chez soi. C'est du moins ce que je crois encore, sans pour autant me bercer d'illusions. Le collège est injuste envers ses petits élèves, cela ne fait aucun doute. Nous aurions tous pu vivre des années heureuses dans ce lieu majestueux et mystique, c'est du gâchis. C'est le sens de ma collecte de témoignages. Il faut la comprendre comme un rituel de purification, de rédemption, pas une mise à mort.

6.

Alexandre E.

Alexandre E. gare sa moto en face de mon bureau, en centre-ville de Pau. Ce n'est pas le sans-abri, mais un autre Alexandre. Quand il m'a écrit la veille, nous avons convenu de nous retrouver là, après le travail. Il ne souhaitait surtout pas parler par messagerie. « Je ne veux pas laisser de traces », a-t-il dit. Contrairement à moi. Contrairement à moi, encore, Alexandre a construit une vie amoureuse et affective. Il craint que sa fille tombe sur nos échanges.

Je le fais entrer dans mon bureau. C'est la fin de journée. Mes collègues sont tous partis. Alexandre est grand et mince. Il porte des bottes de moto et un blouson léger. Il n'a que trois ans de moins que moi, mais je ne l'ai jamais vu à Bétharram. Il me dit qu'il n'aime pas trop venir en ville, que c'est un baroudeur et qu'il vit en pleine campagne, sur la route de Soumoulou, direction Tarbes. Ça me fait drôle de l'entendre bavarder avec aisance. Après notre discussion téléphonique, je m'étais figuré une personne réservée qu'il allait falloir accompagner dans son témoignage. Comme quoi, les gens qui souffrent ne le portent pas toujours sur la figure.

Alexandre dépose son casque sur mon bureau. S'assied. Et il se met à parler.

Pour lui, ça s'est passé sur la côte Atlantique, l'été de ses treize ans. Le camp scout était organisé par l'équipe éducative de Notre-Dame de Bétharram sur l'Île-aux-Moines, dans le Morbihan.

— Le responsable du séjour, c'est Patrick Martin, le surveillant.

Je sursaute. Depuis le lancement de mon projet, les élèves qui m'ont parlé de mon bourreau principal sont rares.

— Martin, il dort toujours avec deux jeunes du camp. Un jour, il me dit que c'est mon tour. Qu'il me choisit pour ce soir.

La pièce dans laquelle je travaille donne sur un petit jardin. D'ici, j'entends les oiseaux piailler.

Inconsciemment, je sens mon esprit qui s'accroche aux cris des volatiles. C'est un mécanisme de défense, de protection. Je ne veux pas quitter Pau pour la Bretagne estivale d'Alexandre. Aussitôt que je le réalise, je me concentre sur la voix face à moi. S'il a le courage d'y retourner, je n'ai pas le droit d'être ailleurs. Je lâche prise et je me retrouve dans la tente.

— Dans la nuit, je suis endormi quand je me réveille subitement. Là, je vois Patrick Martin en train de me masturber. Je ne peux plus bouger alors j'attends. Je suis pétrifié. Puis, j'éjacule. Martin ramasse alors mon sperme et se rapproche de mon visage. Il recouvre ma bouche avec, et m'embrasse.

Alexandre est factuel. Je me dis que c'est ce qui le sauve.

Le lendemain, le groupe doit rejoindre le continent pour faire des courses. Lui est obsédé par le besoin de trouver une cabine téléphonique. Il n'arrête pas de pleurer, même s'il ne comprend pas trop pourquoi. Il a l'intuition, sans être en capacité de l'expliquer, que tout ça n'était pas normal. Fouille dans la poche, insère la pièce dans la fente. « Allô, Maman ? Venez me chercher. »

Son père arrive le lendemain. Entre-temps, un autre garçon (il croit se souvenir qu'il s'appelle Cédric) a pris sa place dans la tente du pion. Dans la voiture qui roule vers le sud, Papa lui tapote la main sur le genou, comme pour dire « ça va aller », « je suis là si tu veux me parler » et « que s'est-il passé, mon fils ? », les trois à la fois. Les pères des années 1980 ne sont pas connus pour leur loquacité. De toute façon, Alexandre n'a rien envie de dire. Il repousse la tendresse parentale et se replie de son côté de l'auto. Dans sa tête, il compte les années qu'il lui reste à faire à Bétharram, auprès de ce type.

La rentrée de quatrième arrive. Un jour, il est convoqué chez Cheval qui le fait asseoir sur ses genoux. Il commence à lui caresser le corps et Alexandre comprend tout de suite. Il ne veut pas que ça recommence. À ce moment-là, quelqu'un frappe à la porte. Le surveillant l'éjecte de ses genoux, comme si de rien n'était. Allez oust !

Alexandre, qui n'était déjà pas bon élève, voit encore ses notes baisser. De médiocre, ses résultats passent à franchement mauvais. Parler à sa mère, bien sûr que ça lui traverse l'esprit. C'est là pour ça, une mère, vous prendre dans ses bras en vous disant que vous êtes en sécurité. Mais la sienne a déjà beaucoup à faire à la maison, à gérer son père qui pète toujours les plombs et gueule sur elle. Il ne va pas en plus la rendre triste. Alors que, bon, ce n'est rien tout ça. Et puis surtout, c'est fait maintenant.

Le gosse devient un adulte. Disons plutôt un majeur.

— Quelques années plus tard, j'ai la vingtaine, je suis de passage chez mes parents et mon père m'emmène en voiture chez Patrick Martin. Je ne comprends pas ce qu'on fait là. Sont-ils amis ? Est-ce une visite de courtoisie ? Je n'en ai aucune idée. Il ne me reste qu'un seul souvenir de cet après-midi-là.

En ressortant, son père reprend le volant. Alexandre s'apprête à le rejoindre quand Patrick Martin l'arrête à la barrière.

— Si tu parles, le menace le surveillant, je dirai que tu étais consentant.

Alexandre ne répond rien. Cette phrase qui restera en lui pour toujours est un piège : c'est une forme d'aveu de l'agression qu'il a subie, mais qui l'empêche de lever le secret, sous peine d'être taxé de responsable.

Je lui fais remplir un document pour garder une trace écrite de son témoignage. C'est trop grave.

— Vous voulez le double ? je demande.

Il refuse, mais j'insiste.

— Prends-le.

Alexandre repart avec la copie. En rentrant, il croisera sa compagne et lui tendra la feuille de papier sans la regarder.

— Tu peux lire, si tu veux, mais planque-la après, s'il te plaît.

Je reste quelques minutes dans la pénombre de mon bureau, médusé. Mon cœur est fatigué de ce qu'il vient d'entendre. Il va me falloir un peu de temps. La route jusqu'à Montaut. Le dîner à 19 heures pétantes. La promenade du soir. Peut-être même qu'il faut attendre le lendemain matin pour que je commence à saisir l'émotion qui m'assaille. Une telle confession ne monte pas au cerveau de suite. La route qu'elle emprunte est différente pour tout le monde. Mais je crois qu'elle passe toujours par les méandres de notre inconscient. Certains chercheront à la fuir, d'autres à la minimiser. Pour d'autres encore, elle n'arrivera jamais jusqu'à la raison.

Comme je le comprends ! C'est inconfortable, une histoire comme ça. Ça prend de la place. Où vais-je la mettre dans ma vie ? Que vais-je en faire ? Et puis, à moi qui remue tout ce bordel endormi (du moins, en apparence) depuis des décennies, qui fait le fier devant les photographes de la presse régionale, elle pose une question insistante.

Comment ai-je pu rater ça ?

La scène de Martin agressant Alexandre sous la tente tourne et retourne dans ma tête. Le lendemain matin, comme tous les jours, je monte en voiture. *Je suis avec eux sous la tente.* J'arrive au travail, je dis bonjour à mes collègues. *Encore sous la tente.* Le fait que ce soit le surveillant pour lequel ma rancœur est la plus forte et que sa présence entre ces murs, trente ans après mon départ, ait déclenché la tempête n'est pas suffisant pour expliquer mon angoisse. Ce n'est pas juste un adulte profitant d'un garçon. Ce serait déjà atroce, mais ce n'est pas que cela. On le voit quand on se tient sous la tente avec eux. Regardez-le observer le sommeil profond de l'enfant et glisser sa main sous le sac de couchage. Admirez la perfidie. Martin voit Alexandre se réveiller, et devant sa mine ahurie et son corps gelé, il joue avec son sexe ? Il joue avec son sperme ! Pardon si la lecture est désagréable, mais c'est la vérité. Sous la tente, cet été de la fin des années 1980, je me retrouve face à ce gouffre de perversion. J'ai envie de penser que c'est un acte isolé. Une agression fortuite. Unique. Qu'on range dans le coffre du passé pour ne plus jamais la sortir. Ce serait tellement plus commode. Une nuit d'égarement, regrettée juste après par Martin. *Oh, je ne sais pas ce qu'il m'a pris.* Et je lutte contre cette tentation. Contre la facilité du *ça va, ce n'est pas si grave*, qui permet d'échapper au malaise. Parce que si, *c'est grave* justement. Je reste sous la tente et j'accepte que mon ventre se torde de gêne. Je lutte pour ne pas fuir devant la scène. Quand vous ouvrez la boîte de Bétharram, il faut être prêt à y trouver les malheurs de Pandore.

De toute façon, ce n'est pas un acte isolé, qui ne concerne qu'un individu. Je le sais déjà. Je repense à l'autre Alexandre, le SDF qui a touché de l'argent de la CRR. Il me l'a dit dès le début que ça violait à Bétharram. Pourquoi je n'ai rien entendu ? Alexandre le motard, c'est la bascule que je n'avais pas vue venir. Mais maintenant que je l'ai sous les yeux, j'ai conscience qu'il y aura d'autres Alexandre, d'autres prénoms, d'autres petites personnes blessées par le corps d'adultes censés les éduquer.

Je suis surpris et je ne suis pas surpris. En même temps. Ceux qui ont déjà reçu une confession de la sorte me comprendront. Il y a des indices – des pensées – que j'ai fuis jusqu'alors. Bien loin de mon bureau, où je m'apprête à commencer ma journée de travail, mon cerveau tente de construire une logique avec les quelques pièces de puzzle dont il dispose. Une scène me reste de la sixième.

Cette année-là, le père Etchepare vient dispenser son cours d'éducation sexuelle. Cet exercice de haute voltige nous est proposé au fond du bâtiment, dans une petite pièce jouxtant celle consacrée aux travaux manuels. Sur un écran lumineux, le père explique fièrement l'évolution du corps de l'enfant à l'adolescence, puis à l'âge adulte, chez les garçons et les filles. Dans la salle, ça glousse. Le père, lui, ne rigole pas. Le sujet est très sérieux. Il explique en détail les zones érogènes et semble intarissable sur le phénomène érectile. Il fait de même pour l'organe reproducteur féminin qu'il semble bien connaître. Un peu débordé à prendre des notes sur un sujet que je ne maîtrise nullement, j'entends mon camarade Gabriel se hasarder à une question.

— Père, comment fait-on les enfants ?

— Il suffit de mettre l'épée dans le fourreau et le tour est joué, répond l'expert.

À partir de cette terminologie chevaleresque, je comprends la simplicité de la relation sexuelle humaine. Il suffit donc de planter le petit barreau ! Le religieux s'appesantit néanmoins sur un mot que je ne connais pas. *Sperme*. Certains camarades, plus connaisseurs de la chose, se montrent très enjoués. Le terme deviendra d'ailleurs un totem puisque, dès lors, plus personne ne dira autre chose pour parler de l'heure de permanence que cette balourdise de préadolescents hilares :

— Je pars en *sperme*.

Pourquoi est-ce que je repense à Etchepare ? À l'époque, ce cours n'avait semblé incongru à personne – si ce n'est que, derrière les attitudes bravaches, plusieurs s'étaient sentis très gênés. En grandissant et en découvrant moi-même les plaisirs du corps, je m'étais étonné de ce sens du détail chez le père Etchepare, pourtant sous le joug d'un vœu de chasteté strict depuis le décret du pape Grégoire VII.

J'y repense ce matin. Quelque chose cloche dans cette scène. Le prêtre ne nous a pas agressés au sens pénal du terme, je n'ai donc personnellement rien à lui reprocher. Mais le témoignage d'Alexandre le motard me fait revivre mentalement ce cours. Quelque chose me dérange. Qui ne tient pas seulement du sujet et de notre âge. Mais peut-être l'impression soudaine que la sexualité transpirait par tous les pores du religieux qui pérorait au tableau.

J'accède à un niveau supérieur dans la haine que j'éprouve pour Patrick Martin. Je passe mentalement la journée sous la tente avec lui, à détailler ses actes et à nourrir mon indignation. La colère qui grossit en moi sera mon bouclier, quand d'autres témoignages atterriront dans ma boîte de réception. Il y en aura. J'en ignore encore la monstruosité. Je ne sais pas ce que j'en ferai. Mais ils vont arriver.

Après le récit d'Alexandre, j'attends. Désespérément, j'actualise la page de victimesdebetharram@gmail.com, l'adresse électronique que j'ai créée avec l'intuition que la page Facebook n'allait pas être suffisante. Je continue à recevoir des messages en rapport avec de la violence physique. La chevalière de Saget qu'il retourne, et les coups qui pleuvent ensuite. Je lis dans ma messagerie privée une décennie de bague, de mains, de trousseau de clés (ce surveillant était créatif !) qui frappent de puérils visages. Il n'y a pas que lui, bien sûr, il y a aussi les roustes de Patrick Martin et quelques autres noms par-ci, par-là. Puis, ce qui devait arriver arriva.

Mi-novembre 2023, les déclarations attendues commencent à arriver. Pendant deux semaines, j'apprends tous les trois jours que le salaud le plus cruel peut toujours être pire que ce que vous le pensiez. Je suis d'abord contacté par Éric. Éric est un écorché vif – littéralement, puisqu'il se scarifie depuis l'adolescence. Il est si révolté qu'il a du mal à canaliser ses pensées pour me parler. Lui, c'est Pierre Silviet-Carricart qui l'a bousillé. Oui, Carricart, le gentil père directeur. Toujours prêt à rendre service aux fidèles, le prêtre avait proposé aux parents d'Éric, qui vivaient loin, d'aller récupérer leur fils à la gare de Coarraze-Nay le dimanche soir.

— Ça a commencé par des mains sur les cuisses dans sa voiture.

Avec les victimes, nous nous tutoyons tout de suite. À quoi bon user d'artifices langagiers quand il s'agit de dire la vérité. Et puis, quel que soit notre âge réel, nous restons coincés à l'âge que nous avions lors des premiers sévices. À 55 ans, Éric revit Bétharram comme s'il n'en était jamais parti. Je ne pose pas de questions, je le laisse dérouler.

— Ensuite, c'étaient des visites nocturnes au dortoir et même à l'infirmerie. Il glissait sa main dans mon pyjama, frottait son sexe sur mon visage et m'obligeait à le prendre dans la bouche.

L'homme au téléphone s'exprime avec une agressivité qui ne m'est pas destinée. Il faut avoir beaucoup d'autodérision et peu d'ego pour ne pas prendre pour soi l'animosité qu'Éric m'envoie. Bien sûr que ça pue la haine, les plaies que rouvrent ces hommes sont béantes. Je me répète intérieurement que ça n'a rien à voir avec moi, mais c'est faux : ça a tout à voir avec moi. Je leur fais sortir la bile coincée. C'est nécessaire pour leur bien futur, mais la souffrance est inimaginable.

Le surlendemain, je me rends chez Olivier, à Bordères. Il m'a contacté le jour même par téléphone. Quand une victime vit à six kilomètres de chez moi, je n'hésite pas. Je propose toujours.

— En face-à-face, tu te sentiras plus sécure.

Je ne suis pas déçu du voyage. Lui, c'est Damien Saget. Cheval ? J'hallucine plus encore qu'avec Carriçart. Comment peut-on accumuler les casquettes d'agresseurs comme d'autres, les mandats politiques ou les cartes Pokémon ?

Quand Olivier me raconte son calvaire, j'ai les larmes aux yeux. Ce n'est pas mon style, pourtant, de tomber dans l'émotion comme ça. J'ai été élevé dans les années 1980. Un homme, ça ne se laisse pas dicter par ses émotions.

Son père, une figure du banditisme local, avait fini à plusieurs reprises en cabane. Pour le bien du petit Olivier, décision avait été prise de l'éloigner de ses parents : tandis qu'eux vivraient sur une île du Pacifique, lui logerait chez sa grand-mère le week-end, et le reste du temps à Notre-Dame de Bétharram. Personne ne sait qui cette organisation arrangeait le plus, mais c'était ainsi. Le remède s'est révélé pire que le mal.

En plus des heures passées en slip, puni, sur le perron, Olivier était très régulièrement convoqué dans la chambre du surveillant Cheval qui lui faisait une fellation. Les faits avaient également lieu à l'infirmerie. Il en avait bien parlé à sa grand-mère, mais très pieuse ou trop peureuse, elle l'avait traité de menteur. Il n'avait pas eu le courage d'en parler à sa mère, déjà si loin.

— Pour se faire pardonner ses attouchements, poursuit-il, Cheval jetait des friandises sur mon lit durant ses rondes : pâtes de fruits, nougats, bonbons…

— Tu parles d'« attouchements », mais au sens pénal, ce sont des viols.

— Mais non !

— Olivier, je lui dis doucement en cherchant son regard. Tu as été violé.

Au début, Olivier continue à nier mollement. Puis, il lève ses yeux et les plante dans les miens. C'est la première fois que quelqu'un lui fournit le vocabulaire. Son regard s'intensifie et il tremble un peu. Dans ce qu'on appellera bientôt le scandale de Bétharram, je suis la personne qui donne les mots. Et ce sont eux qui autorisent la vérité.

Frédéric aussi, c'est Cheval. Le 29 mai 1985, il est puni au perron par le surveillant, nez collé au mur. C'est la première fois pour lui. Il n'a pas encore onze ans. Il a peur et il pleure beaucoup. Au bout de trois heures comme ça, Damien Saget revient et le frappe plus fort que d'habitude avant de le libérer. Après le repas du soir, l'enfant est convoqué dans son bureau. C'est tout de suite à droite, juste après les escaliers. Frédéric rentre.

— Il m'a expliqué que j'avais mérité ce qu'il s'était passé, mais qu'il ne dirait rien à mes parents. Il m'a demandé si je voulais un câlin. Puis, il m'a demandé de venir sur ces genoux. Il m'a touché le visage, les jambes. Il avait un pantalon marron et les jambes écartées. Il a dirigé mon regard sur son entrejambe. Je me rappelle que j'étais mal à l'aise car on devinait son sexe à travers le pantalon.

Frédéric fait une pause. Ce qui s'est produit après, il ne s'en souvient plus. C'est le black-out. Son souvenir revient à la dernière marche de l'escalier, juste avant de franchir la porte de l'internat. Il l'entend encore grincer.

— Il s'est passé quelque chose d'anormal. J'ai complètement buggé.

Le week-end suivant, je craque. Je commence à trouver ma place avec mon écoute, avec mes mots, mais ça me coûte. Mon téléphone coupé, je pars me cacher dans les bois. Chercher des champignons est une saine activité pour quiconque veut calmer ses nerfs. Après tous ces appels de détresse, mon calme se craquelle. J'ai besoin de me rattacher à une activité tangible. Il y a un endroit que j'adore dans la forêt de Montaut. Je m'y rends en espérant trouver les réponses à mes angoisses grandissantes qui me hantent intérieurement. *Alain, es-tu en mesure d'affronter tout ça ? Es-tu aussi exemplaire qu'il le faut pour prendre la tête d'une révolte contre l'Église ? Toi aussi, tu as été surveillant pendant tes études de droit. N'as-tu rien à te reprocher ? Des casseroles qui te décrédibiliseront, toi, ainsi que tous ceux qui t'ont fait confiance ?* Autant de questions intérieures qui me taraudent.

Je sais que ma vie est sur le point d'être bouleversée à jamais. Que des gens vont m'en vouloir. Que des gens m'en veulent déjà et que peut-être, un jour, l'un d'eux sortira de son silence réprobateur et s'en prendra physiquement à moi. Est-ce que je vais supporter la pression ? *Tu n'as pas le droit à l'erreur*, me dit la voix à l'intérieur. *Ou alors, ce seront tous les enfants fantômes de Bétharram qui paieront, encore une fois, l'échec d'un adulte.* Je me juge comme le ferait le Saint-Père.

Rentré chez moi, je prends une décision à laquelle seuls celles et ceux qui ont mené un combat décisif ont été confrontés. Face aux montagnes fumantes qui constituent la vue depuis mon salon, je décide que oui, le jeu en vaut la chandelle. Je ne suis pas sûr de savoir ce que cela signifie, mais j'irai jusqu'à bout. Je suis même prêt à y laisser ma vie s'il le faut. Une vie de mensonges et de faux-semblants n'est de toute façon plus une option.

7.

La méthode Esquerre

Le début d'une révolution ressemble rarement à une révolution. Le scandale de Bétharram ne fait pas exception. Il démarre par un type (moi) tapant prosaïquement sur son moteur de recherche : « Comment dénoncer des violences ? » J'apprends, à cette occasion, que les principales recherches commençant par « Comment dénoncer… » sont : « une personne à la Caf », « une personne qui travaille au black », « une personne sans papiers ». L'humanisme à la française ! Je passe plusieurs heures à chercher la bonne méthode. Les sites Internet officiels me suggèrent d'aller déposer plainte au commissariat ou en gendarmerie, mais cette option m'apparaît bien prématurée. Les récits qui me sont confiés n'ont le plus souvent jamais été racontés par le passé. Alexandre et les autres accepteraient-ils d'aller se confier à un inconnu en uniforme ? Je crains, en leur suggérant cette idée, de les faire fuir. Une démarche en ligne ne paraît pas plus judicieuse. Porter plainte, c'est donner une parole qui va exister sans eux, via le processus judiciaire ; c'est perdre la main sur leur histoire. Quand vous témoignez, vous pouvez être écouté, mais aussi contredit. C'est le jeu de l'enquête. Et si les agresseurs, une fois auditionnés, assurent que tout est mensonge, c'est parole contre parole. C'est la circonstance très caractéristique du viol : deux personnes dans une pièce et zéro témoin. La maîtrise de leurs récits, pour la plupart des anciens élèves de Bétharram, c'est tout ce qui leur reste.

En même temps, suis-je tout à fait honnête ? C'est bien vers le palais de justice que nous allons. Depuis l'agression sous la tente d'Alexandre, je sais que ça finira là-bas. Mon rôle est d'aider les victimes, petit pas par petit pas, à s'y rendre sans crainte. Sans crainte ? Ça fait quinze, vingt, trente, quarante ans pour certains qu'on les a conjurés de garder le silence. Et moi, Alain Esquerre, je réussirai à les emmener devant un représentant de la loi ? Pour qui me prends-je ? Dieu ?

C'est à peu près au même moment que je découvre l'existence du Cerfa 11527*03. « Attestation de témoin ».

Je lis sur le site du gouvernement qu'il s'agit d'une déclaration sous serment permettant d'indiquer à la justice des faits auxquels le signataire a personnellement assisté. Pas besoin de se déplacer, tout se fait par écrit. Il suffit d'indiquer que l'on a bien pris connaissance qu'un faux témoignage pouvait coûter à son auteur jusqu'à un an d'emprisonnement et 15 000 € d'amendes.

— Ah ! C'est exactement ce qu'il nous faut, dis-je à voix haute.

Ma mère ne prête pas attention à mes envolées orales. Mon excitation tient surtout au fait que ce formulaire nous permet de contourner l'emploi du mot. Le gros mot que personne ne prononce jamais – ou très rarement : VICTIME.

Il est 7 h 30 et je dois partir au boulot. Il est aussi temps que l'adulte rejoigne le garçon qui mène la danse de la libération des mots depuis un mois et demi. Le prochain qui m'écrit, je lui parle du formulaire.

Le prochain, justement, s'appelle Brice. Dans la vie, il est cuisinier. Dès le premier appel, je comprends à qui j'ai affaire : une grande gueule. Lui, il veut les démonter, les violeurs de Bétharram. Il est tout feu, tout flamme. « On va les dénoncer.

Ils vont payer tout le mal qu'ils nous ont fait ! » Je lui demande d'être plus précis et de me raconter ce que lui a subi. Mais Brice n'est plus aussi à l'aise. Il tourne autour du pot. Il devient maladroit.

Il ne me dira rien lors de ce premier coup de téléphone. Ni au suivant. À celui d'après non plus. Ça va prendre des semaines pour qu'il me parle des humiliations que lui infligeait Broqué, au motif qu'il était gaucher. Des gifles à la bague de Cheval, suivi de la « consolation » dans son bureau. Une fellation durant laquelle il fermait les yeux pour disparaître et pendant laquelle Saget lui murmurait de ne pas s'inquiéter, qu'après il pourrait aller dormir. En salle de permanence, sa tête claquée contre le pupitre sans sommation par Patrick Martin. Les coups de moignon du professeur de mathématiques handicapé. Coincé sous l'aube de Carricart, son sexe dans la bouche. Coincé partout en fait. Même dans la vie une fois adulte, il y a ce sentiment d'être piégé, de ne pas pouvoir fuir.

Brice ne signe aucun Cerfa, cela va sans dire. Il ne sait pas s'il veut parler, finalement. Que je ne compte pas sur lui. En tout cas, pas tout de suite.

La semaine suivante, j'imprime tout un tas de Cerfa modèle 11527*03. Ça prendra le temps qu'il faudra, mais je suis convaincu de ma méthode.

Mon téléphone n'arrête plus de sonner, les demandes de nouveaux membres et les messages privés non plus. J'accumule les notes. J'ai des prénoms, et des dates, et des prêtres, et des années, une ribambelle d'inscriptions sur des Post-it, et des feuilles volantes éparpillées dans la maison de ma mère. Je pourrais écrire une anthologie du viol et des agressions de tout type à Notre-Dame de Bétharram.

Pour m'y retrouver, j'essaie de classer les histoires. Mais je suis confronté à des questionnements absurdes. Faut-il trier par type (les coups, les viols) ? Par bourreau ? Par date de témoignage ? Et je n'ai même pas le temps d'amorcer une réflexion que, déjà, mon portable sonne. Et encore. Et plus de notes, de prénoms, de méfaits. Plus de pleurs, plus de souffrances sorties intactes des années 1970, 1980 et 1990.

Un matin, je prends conscience de l'immense foutoir qui m'entoure. Je considère d'un œil nouveau ces feuilles mobiles qui forment des piles partout autour de moi. Ma table de séjour commence à ressembler à un bureau d'avocat. J'observe calmement. Je prends une lente respiration pour m'aider à accepter ce qui se déroule sous mes yeux et que je n'étais pas prêt à voir. J'étais dans une démarche d'artisan et me voilà devenu un industriel ! Je voulais juste écrire un petit livre de rien du tout, que personne ne lirait jamais à part moi, et peut-être ma mère. C'était ça l'objectif caché : faire exister l'enfant battu qui n'avait jamais rien avoué. Je la regarde faire ses sudokus dans son fauteuil. Remuer la merde, est-ce que ce n'était pas, au fond, pour attirer son attention ?

C'est le bon moment pour passer à la phase deux. J'ouvre un fichier Excel vierge et j'y entre toutes les données dont je dispose. Identité de l'ancien élève, contact, nature des sévices, noms des agresseurs, époque… En jaune, les agressions physiques, en rouge, les violences sexuelles. Les lignes se succèdent. J'en ai vite vingt-cinq, puis cinquante ! C'est comme rentrer le code informatique d'une matrice. Ça me prend des jours et des jours. Rassembler toutes les informations que j'ai récoltées dans un même document me fait soudain prendre conscience de l'ampleur du problème. Nous sommes mi-décembre 2023. Je suis devant les *Bétharram Papers*. Bien qu'aucune plainte n'ait encore été déposée, c'est bien là que je deviens un lanceur d'alerte, tout seul devant mon écran d'ordinateur. Ne reste plus qu'à en convaincre quelques-uns de saisir le procureur de la République de Pau.

Pour ce faire, je découvre le formidable métier d'équilibriste. Au téléphone ou de visu, je dois écouter sans être écrasé par l'émotion ; amener ceux qui me parlent à l'idée d'une procédure de justice sans effrayer ; les faire rejoindre mon action sans les faire fuir, eux qui courent depuis leur enfance pour échapper aux souvenirs. Déployer ces trésors de tact et de diplomatie me prend une énergie et un temps fous.

Je suis un funambule. Pour ne pas tomber, il faut faire preuve d'adresse et de patience.

— Voulez-vous déposer plainte ? je suggère à chaque nouvel appel.

De l'autre côté du combiné, on me demande pourquoi. Quels sont les enjeux ? Quels seront les impacts ? J'explique que cela dépend d'eux. Se sentent-ils victimes ? S'ils estiment qu'ils ont été agressés, je peux leur envoyer un Cerfa. Ça ne coûte rien de le remplir. Souvent, mon interlocuteur me dit qu'il va réfléchir, ou ne me répond pas du tout. Alors je relance. Faussement crédule, j'écris : « Y a-t-il un problème ? » Mais les témoins ont toujours une bonne excuse. Ils sont désolés, mais ils sont en train de changer de travail. Ils sont trop occupés. Ils s'occupent de leur fille cette semaine. Ou ils sont en vacances. Et puis, ce n'est pas dramatique finalement.

Ils s'en sont tirés jusque-là, pas la peine de remuer le passé.

À chaque fois, ces réponses me rendent dingue. Téléphone collé à l'oreille, je fais les cent pas dans la maison. J'écoute comme le ferait un prêtre, mais je tente de convaincre comme un homme politique en campagne. Au bout du fil, j'entends la terreur, mais je ne m'y arrête pas. Derrière la peur, ils ont tous besoin de faire surgir la vérité. Tous les enfants fantômes coincés à l'époque de leur agression veulent entendre un jour qu'ils n'ont rien fait, que ce n'était pas leur faute et qu'ils ont droit à une réparation. Tous. Pas d'exception à la règle. Alors, je tends l'oreille et balaie leurs remarques.

Tous les jours, je parle à Pascal au téléphone. Ce sont des « bisous » et des « ma caille » par milliers, mon lieutenant, contrairement à toutes les personnes que j'ai fréquentées jusqu'à présent, étant un individu très démonstratif. Des appels sans fin. D'abord, parce que des témoignages continuent de nous arriver à la pelle ; aussi, parce que mon acolyte n'est pas un adepte de l'art de la synthèse. Pour m'expliquer pourquoi il serait d'avis de faire rédiger les plaintes sur de simples feuilles plutôt que sur des documents administratifs en bonne et due forme, il se sent obligé de détailler le bien-fondé de sa pensée en remontant à l'Antiquité grecque. Je ne peux m'empêcher de m'agacer et lui en fais la remontrance : qu'il aille à l'essentiel, la prescription court derrière nous. Nous n'avons pas le luxe du temps.

— J'en ai conscience, Alain, me répond Pascal. Habitue-toi tout de suite, je ne changerai pas !

Pendant huit ans, il a animé une émission à la radio consacrée aux initiatives solidaires. Je respecte et admire beaucoup cet homme, inconnu il y a encore un mois, qui a envahi ma vie pour l'agrémenter de fleurs verbales en toutes occasions ! Cette bienveillante attention me touche en même temps qu'elle me gêne, bien qu'elle représente tout ce que j'ai toujours recherché.

— Dans une aventure, me rassure-t-il, il faut un héros pour mener le combat (c'est toi) et un second derrière, pour l'aider. Ça, c'est ma place !

Je l'écoute avec tendresse. *Captain, oh my captain.* Bétharram l'a peut-être abîmé, mais certainement pas brisé.

La douceur apaise le courroux. Pascal fait ainsi du bien à ma vie. Au téléphone, nous partageons nos pires souvenirs. Son soutien indéfectible me conforte dans le projet. Pourtant, malgré sa présence, je ne me suis jamais senti aussi seul de toute ma vie. J'entends des horreurs à longueur de journée, puis je tente de persuader chacun, un à un, de crier haut et fort ses secrets les plus honteux dans l'espoir très incertain de faire condamner des agresseurs dont une partie d'entre eux est morte et une autre sauvée par la prescription. C'est un sacerdoce. Heureusement que je suis célibataire, d'ailleurs. Si j'avais une épouse, elle m'en ferait le reproche.

— Es-tu mariée avec moi ou avec Bétharram ? se plaindrait la pauvre délaissée.

Chez moi, la seule femme de la maisonnée reste désespérément silencieuse.

Le labeur finit par payer et je parviens à récolter quelques Cerfa. Ce sont surtout des violences physiques. Il y a celui de Pascal bien sûr. Le mien. Les deux Alexandre racontent des faits de violences sexuelles prescrits, mais c'est mieux que rien. Olivier, que sa grand-mère n'a pas cru, m'a aussi envoyé le sien. J'essaie de rester enthousiaste (je n'ai que cela), mais je vois bien que mon dossier est trop léger. Mon seul atout : nos tortionnaires ignorent tout de mon travail de collecte. Je m'évertue à ne pas pressuriser les victimes, mais cette pensée m'obsède : il ne faut pas tarder.

Au mois de décembre 2023, je suis sur la route de Lourdes, au volant, à quelques centaines de mètres de la maison. En passant devant le collège, j'aperçois Patrick Martin qui rentre dans la grande chapelle. Dans mes tripes, la colère gronde. Je fais demi-tour, gare la voiture et pénètre dans l'édifice. Le lieu est magnifique. Des dorures partout. Un orgue majestueux. Ce n'est pas une petite église de province. Non, à Bétharram, on a les moyens. Et la chapelle est la vitrine d'exposition de cette opulence.

À l'intérieur, le froid est polaire. Des confessionnaux s'étalent sur tout le flanc gauche. En tout, il y en a dix. Il doit y avoir pas mal de péchés à avouer par ici. Le surveillant est tout au fond. À genoux face aux cierges allumés par les fidèles, Martin prie.

Quand vous vous apprêtez à faire la plus grosse connerie de votre vie, appelez d'abord un ami. Moi, je téléphone à Pascal.

— Je vais lui casser la gueule !

— Déconne pas, Alain ! me répond le poète baba au bout du fil. Tu ne vas pas détruire tout ce que tu as construit.

Mon bourreau de pion reste quarante-cinq minutes à terre. Je me demande ce qu'il a bien à raconter à Dieu. Il n'a aucune idée de la montagne de témoignages que je suis en train d'accumuler.

Quand il se relève enfin, je marche jusqu'à lui. Pour qu'il se sente un peu surveillé, à son tour. Le gardien des lieux est là.

Trois jours avant Noël 2023, j'ai rendez-vous avec le grand avocat palois Thierry Sagardoytho. Je ne veux plus risquer de perdre mon sang-froid ; il est grand temps de m'appuyer sur quelqu'un de compétent en droit.

Ce jour-là, je suis malade comme un chien. Covid. Peu importe, je ne veux pas annuler ce rendez-vous. Mes courbatures et moi nous traînons péniblement jusqu'au bureau du pénaliste, en centre-ville de Pau. Je regarde ma montre : un quart d'heure d'avance. Je sonne. À l'interphone, une voix grésillante me demande de revenir dans quinze minutes. J'étais mal en point et anxieux, me voilà maintenant vexé. Cette collaboration ne démarre pas très bien.

À l'heure pile du rendez-vous, je pénètre chez Maître Sagardoytho. Le gigantisme de son bureau contraste avec les lunettes rondes miniatures posées sur son nez. Il m'invite à exposer mon cas. Quel vent m'amène ? Je lui fais part de mon enquête et des proportions qu'elle commence à prendre. Tout cela dépasse de loin ma petite entreprise initiale. Cela fait plusieurs mois que je réunis des plaintes pour des violences physiques et sexuelles. À mon sens, il est temps que la justice prenne la place qui est la sienne dans cette affaire. Comme je suis un homme réfléchi, il n'a pas de souci à se faire pour ses honoraires, j'ai déjà prévu d'ouvrir une cagnotte.

L'avocat a l'élégance propre à son milieu de me laisser développer mon argumentaire jusqu'à la fin. Quand il reprend la parole, je sens toutefois qu'il n'a pas l'air affecté. Il n'a pas plus de cheveux qu'il n'a envie de mettre le nez dans ce dossier.

— C'est un dossier compliqué que vous avez là.

Thierry Sagardoytho s'exprime avec l'éloquence et la confiance en soi de ceux qui ont réussi l'examen du Barreau. Il s'embarrasse peu de mes états d'âme de collégien ou ne laisse rien paraître. En tant que pénaliste, il en a vu d'autres. Fait notable, car rare, il parle plus que moi. Et plus les phrases s'enchaînent, plus elles m'accablent. Jusqu'au coup de grâce.

— Si vous continuez, vous allez donner de faux espoirs aux victimes.

La formule se coince dans mon cerveau. Je ne comprends pas. Pourtant, mon projet, c'est exactement l'inverse. Depuis bientôt deux mois, je porte de vrais espoirs. Je veux que les Thierry, les Olivier, les Alexandre aient une perspective de guérison, un vrai espoir de justice. J'aimerais qu'ils arrêtent de se dire que leur vie a été gâchée à douze ans, que quinze minutes dans une chambre ou quatre années dans cette prison scolaire ont mis un terme définitif à la perspective si intrinsèque à l'être humain d'être un jour peut-être heureux. Maître Sagardoytho et moi avons manifestement une vision différente de ce que peuvent représenter quinze minutes. Je sors de l'extravagant bureau confus et rapetissé. Assommé.

Si j'ai l'air d'ironiser sur l'aplomb et l'assurance de l'avocat, c'est simplement que je ne peux pas être plus éloigné de lui ; je suis tout son contraire. Je suis procrastineur, contemplatif. Ma journée idéale consiste à errer seul dans les bois à la recherche de cèpes pour ma poêlée du dîner. Pas vraiment la carrure idéale pour porter un sujet dont même un professionnel du droit ne veut pas sur son bureau. Je peste contre l'avocat parce que sa réaction me questionne. Et s'il avait raison ? Et si c'était une erreur ? Noël arrive sans éclat. J'arrête tout. Ratatiné dans mon lit par la fièvre et le doute, je tergiverse.

Le virus contre lequel je lutte gratte dans mes souvenirs des bribes éparses. Je suis tantôt à la Fête des fleurs de Bagnères-de-Luchon avec une mère de famille qui balance des gifles à son petit garçon et qui continue à le menacer malgré mes réprimandes — « Tu vas voir, toi, à la maison ! » ; tantôt dans une grande surface de Pau, quand six hommes armés se jettent sur une jeune fille, voleuse de supermarché sans doute, mais humaine quand même, n'est-ce pas ? Auchan, devenu le Far West des Pyrénées-Atlantiques. Je vois la rumeur du tube de dentifrice inséré dans les fesses d'un élève alors que je suis au lycée dans le public ; la gêne des profs au conseil de classe ; les garçons qui me destituent de mon mandat de délégué ! Tout me revient sans cesse : les brimades impunies ; les silences de ceux qui observent, mais ne s'insurgent jamais. « C'est ainsi, c'est l'ordre établi ! » Mais l'esclavage, c'était un fait établi ! La bonne femme à la cuisine, aussi ! Ne peut-on jamais faire des sauts qualitatifs conscients ? Comme écouter les enfants. Ou, folie, les protéger. Cet état d'hébétement et de délire dure dix jours.

Une fois guéri, je me souviens que, tapi derrière ses commentaires médisants, Maître Sagardoytho m'a prodigué un conseil formidable que j'ai négligé. Je l'entends à présent.

— Si vous voulez que tout cela serve à quelque chose, il vous faut une plainte non prescrite.

Hop ! Hors du lit ! Je file vers ma pile de documents trônant en maîtres dans la salle à manger. Je passe en revue ce que j'ai à présenter au procureur de la République. Violences physiques, violences physiques, violences physiques… Tout est prescrit. Ah ! Celle-ci est une plainte pour viol. Sous le coup de la prescription aussi. *Merde !*

Puis, je vois le Cerfa de Brice. Naissance : le 23 février 1976, à Rueil-Malmaison (92). Dans un mois, Brice aura 48 ans. Aujourd'hui, la loi punit les crimes sexuels sur les enfants jusqu'à trente ans après la majorité de la victime. Je fais le calcul. 30 + 18. Quarante-huit. Après cette date, le crime sera impuni pour toujours… Ce mois qu'il nous reste est notre dernière chance. Encore faut-il que Brice accepte de déposer plainte.

Je saisis mon téléphone pour joindre Brice, mais avant que j'aie le temps de lancer l'appel, il se met à sonner.

— Allô, Pascal ? Je viens de trouver la solution pour solidifier tout le dossier ! Je peux te rappeler ?

— Je crois que je ne vais pas y aller, Alain…

— Euh… Attends, comment ça ? Aller où ?

— C'est trop pour moi, tout ça. Ça ravive trop de souvenirs. Et puis j'ai une famille. Je ne veux pas qu'ils subissent mes choix.

Je commence à flipper. Pascal, c'est le petit bonbon dans ces ténèbres. Personnellement, il m'apporte beaucoup de courage. Et puis, si lui prend peur, c'est la porte ouverte à toutes les défections.

— Mais Pascal, tu m'emmerdes ! Je n'ai même pas dix lettres-plaintes. Si on veut saisir le procureur, j'ai besoin de la tienne, tu le sais !

— Alain, tu m'écoutes ou pas ? Je veux que tu déchires mon Cerfa.

8.

La première plainte

Ce n'est pas la première action en justice que connaîtra Notre-Dame de Bétharram.

6 décembre 1995. La température est glaciale. Ce soir, Nantes joue sous la neige, à la Beaujoire. À Bétharram, personne ne parle. Ni de football ni de rien. Dans les dortoirs, c'est l'usage, il faut se taire. Marc, son magazine de deux-roues sous l'oreiller, rêve au 103 Peugeot sport que ses parents doivent lui offrir si ses résultats scolaires continuent à progresser. Dans le lit d'à côté, un garçon lui demande s'il peut emprunter sa revue, mais Marc refuse. De colère, le voisin donne une tape sur l'objet de papier glacé. C'est comme ça que Marc

se retrouve, pieds nus et en slip, sur le fameux perron du pensionnat. Au bout d'un moment, il a trop froid, alors il rentre. Le surveillant de service, Marie-Paul de Behr, est outré : ce mioche qui ose se plaindre de sa punition, ça lui est insupportable. Il le renvoie dehors une seconde fois. Au début, ça va. Marc tient le coup. Mais au bout d'une heure trente, les forces commencent à lui manquer. Petit à petit, il s'éteint.

À côté de lui sur le perron, il y a un autre pensionnaire qui est puni. Heureusement. Il n'a pas de baguette magique, mais il a une carte téléphonique pleine. En 1995, c'est presque la même chose.

— Appelle tes parents, dit le petit. Ils sont tout près, les tiens.

Ceux de Thibault, c'est comme ça qu'il s'appelle, vivent à Toulouse. Et puis, lui est habillé.

De la cabine qui jouxte le perron, Marc compose le numéro du téléphone fixe qu'il connaît par cœur.

Chez les Lacoste-Séris, le téléphone à cadran beige se met à sonner. Le père est devant le match. Dans la vie, Jean-François Lacoste-Séris répare des climatisations et des chambres froides. Autant dire qu'il connaît bien les effets des températures négatives sur le corps. Il déboule à toute vitesse au collège, tourne à fond le bouton chauffage de la 405 et y place son fils pour le réchauffer, direction l'hôpital. Aux urgences, l'interne qui ausculte Marc leur dit qu'ils ont eu de la chance : à une demi-heure près, il aurait dû être amputé. Ou pire. Sans le petit gars et ses unités de téléphone, l'enfant serait peut-être mort d'hypothermie.

— Vous pouvez nous faire un certificat qui prouve tout ce que vous venez de nous dire ? demande le père.

Jean-François ne sait pas trop à quoi cela va servir, mais il sent qu'il doit garder une trace de cette nuit.

— Je rédige le brouillon à la fin de mon service, promet le docteur. Vous passerez chercher la version dactylographiée demain, à l'ouverture de l'accueil.

Le lendemain, vers 9 h 10, Jean-François Lacoste-Séris se présente au bureau de l'hôpital.

— Bonjour, je suis le père de Marc Lacoste-Séris. Je viens chercher un certificat pour mon fils.

— Impossible, je viens de le remettre à quelqu'un d'autre, déclare la secrétaire.

— Ce n'est pas possible : c'est moi, son père !

La femme derrière le comptoir est confuse. Il n'y a pas de duplicata possible, et l'original vient de partir entre les mains de la mauvaise personne. Jean-François est furieux. Il ne veut pas tomber dans la parano, mais à part quelqu'un de Bétharram, il ne voit pas qui d'autre aurait pu faire le coup. Le père de Marc regarde autour de lui. Se pourrait-il que les prêtres du collège aient des indics jusqu'ici ?

Après cette nuit, les parents de Marc évoquent la question de quitter ou non le collège. Bétharram, ce n'est pas rien pour eux. Lui est artisan, Élisabeth, secrétaire comptable. Toute l'année, ils économisent sou à sou les 10 000 francs de frais de scolarité de leur fils unique. Ils pourraient aller au restaurant de temps en temps, changer de voiture, partir au ski. Mais non. Bétharram, c'est le mieux qu'ils puissent offrir à Marc. La bonne réputation, le sport après les cours… ça vaut bien quelques sacrifices.

Jean-François Lacoste-Séris n'est pas homme à fuir les situations compliquées. Il a toujours été meneur, même à l'armée ! Pour lui, c'est une opportunité d'améliorer les choses. Puisqu'à Bétharram, il est vice-président d'une association de parents d'élèves, il est le mieux placé pour entamer le dialogue. Il veut alerter l'ensemble des parents, et puis le ministre de l'Éducation nationale, tant qu'on y est ! C'est François Bayrou, le père de Calixte, qui est dans la même classe que Marc. La manière dont on traite son enfant, ça devrait l'intéresser tout de même.

Les autres parents, quant à eux, ont des ambitions diamétralement opposées. D'habitude, ces réunions servent plutôt à organiser des festivités. Qui ramène quoi comme gâteau ?, ce genre de choses. Les polémiques, très peu pour eux. Ils sont contents d'avoir leurs enfants scolarisés ici. Alors bien sûr, statistiquement les membres de cette association sont plutôt des bourgeois que des ouvriers. Et Jean-François, il se dit que quand on a des relations ou qu'on passe un petit billet à la congrégation de temps en temps, on a moins de risques de voir son loulou jeter dehors en pleine nuit.

— Vous mettez le bazar, concluent les parents. Si vous n'êtes pas content, vous pouvez changer votre garçon d'établissement, persiflent les bonnes âmes.

Tu m'étonnes, maintenant que le trimestre est payé... ragent en silence les Lacoste-Séris.

Après les vacances de Noël, après bien des hésitations, Marc retourne au pensionnat. Trois mois passent. Puis, un midi à la cantine, il casse par mégarde un verre à eau. Marie-Paul de Behr – toujours lui – s'approche :

— Pour toi, ce sera cinq francs, dit le surveillant.

— C'est cher, se plaint Marc. Pour les autres, d'habitude, c'est deux !

De Behr lève sa grosse paluche et la lui flanque au visage. Il n'aime pas beaucoup l'insolence. Sous l'effet de la douleur, Marc porte la sienne à son oreille. Quelque chose, il ne sait pas exactement quoi, vient de se produire à l'intérieur.

Cette fois encore, Jean-François et Élisabeth conduisent leur fils chez le médecin. Pour une consultation spécialisée en ORL, ils doivent se rendre dans une clinique à Béziers. C'est loin. Peu importe le nombre de kilomètres, ils font la route. Après examen, le docteur leur apprend que Marc a perdu un quart des cellules de son oreille interne. Cela va affecter son audition et il aura des acouphènes, même la nuit.

Pour Jean-François, c'est la goutte d'eau qui fait déborder le vase de sa rancœur. En plein week-end de Pâques, il se rend à la rédaction de *La République des Pyrénées*. La presse, il connaît un peu ; il a été pigiste pendant trois ans. Mais c'est férié et personne ne prend la peine de le recevoir. Qu'à cela ne tienne. Direction les locaux de *Sud Ouest*, à Pau. À 20 heures, un vieux briscard des pages justice et faits divers, Jean-Paul Chaintrier, le reçoit. Jean-François lui raconte toute l'histoire puis le regarde appeler son rédacteur en chef. Face à la gravité des faits, décision est prise de publier dès le lendemain matin.

— Vous avez tiré une cartouche et ils vont répliquer avec une bombe, l'alerte toutefois Chaintrier. Vous permettez que j'appelle Blanco ? C'est un copain, il va vous défendre.

Le lendemain, rendez-vous est pris avec Maître Jean-François Blanco, une pointure dans la région, au tribunal de grande instance de Pau.

— Je vais vous défendre, non comme un avocat, mais comme un père, lui promet le conseil, indigné par le récit qui vient de lui être fait.

Le matin même, Jean-François Lacoste-Séris dépose plainte contre de Behr et contre l'établissement pour violences volontaires.

C'est la première fois que quelqu'un s'en prend aussi frontalement à Bétharram.

9.

La prof de maths

Ce même jour, je prends connaissance du papier de Jean-Paul Chaintrier dans *Sud Ouest*. Marie-Paul de Behr est un rustre, une bête. À mon époque, il était surnommé « Sanglier ». Tandis que je parcours l'article, je réalise qu'il y a quinze ans, j'ai vécu les mêmes horreurs que Marc – l'infirmité permanente en moins. À ce que je vois, personne n'a jamais remis en question ces pratiques barbares. Ils sont toujours aussi barges.

Nous sommes en avril 1996. Le combat qui sera le mien dans quelques années bout déjà quelque part en moi. Je décide de saisir la perche. J'appelle Séris.

J'ignore totalement qu'en parallèle, une femme commence à s'intéresser au sort des enfants de Bétharram. Françoise Gullung arrive au collège comme professeur de mathématiques en septembre 1994. Venant du lycée Saint-Dominique de Pau où violence et discipline ne sont pas synonymes, elle perçoit tout de suite que quelque chose cloche. Il n'y a pas besoin d'entendre des claques à travers les murs ; il suffit d'observer les élèves. Depuis son tableau, elle voit une kyrielle de petits êtres terrorisés et/ou épuisés, transpirant le stress et ployant sous une forme de pression bien trop forte pour leurs neuf à quatorze ans.

Un jour, peu avant les vacances de Noël 1995, ils arrivent tout affolés en classe :

— Madame, Madame ! C'est affreux ! Il faisait moins cinq !

Au début, elle ne comprend rien. Puis, devant le flegme et l'ataraxie de l'enseignante, les petits se calment. Ils lui parlent de Marc et du perron. Et du froid, surtout. Oh ! c'est terrifiant, le froid quand il est mordant et imposé comme ce soir-là.

Françoise Gullung évoque le 119. C'est un numéro que les enfants peuvent appeler s'ils se sentent en danger.

— En avez-vous parlé avec vos parents ? demande la professeure.

— Mais vous ne rendez pas compte : nos parents, ils ne nous croiront jamais !

L'enseignante a alors cette réponse si pleine de ce bon sens qui manque trop souvent aux adultes.

— Bien sûr qu'ils ne vous croiront pas. S'ils pouvaient vous croire, ils ne vous auraient jamais inscrit ici au départ.

Transmettre la connaissance, a fortiori des mathématiques, est un très beau métier. C'est aussi très monotone. Où qu'elle passe, et malgré cette fâcheuse timidité qui la complexe un peu, Françoise Gullung ne s'en tient jamais à sa fiche de poste. Après l'incident, elle commence donc à jeter une oreille ici et là et à lancer la conversation avec ses collègues. Qu'est-ce qu'ils en pensent, eux, de tout ça ? Mais personne – et c'est contre-intuitif pour un établissement scolaire – n'a l'air de penser quoi que ce soit, dans ce collège. À part elle, que le directeur Landel a attirée en lui faisant miroiter un poste de sous-directrice à venir, les enseignants sortent tous de formation. Ils sont jeunes. Pour la grande majorité, Bétharram est leur premier poste – les débuts de carrière sont importants, les profs ingèrent et intègrent souvent la mentalité du lieu. Originaires de la région, ces professeurs fraîchement diplômés ont installé leur famille et fait construire leur maison à deux pas, avec le sentiment d'être bénis des dieux pour cette place leur assurant la sécurité de l'emploi dans un établissement au taux de réussite au baccalauréat aussi élevé. Personne n'a l'air très disposé à communiquer avec cette femme, mi-béarnaise, mi-alsacienne, aux enfants déjà grands, et qui met son nez partout. Et la réunion officieuse qui s'apprête à leur tomber dessus ne va pas l'aider.

Le jour de la rentrée de janvier, le père Carricart réunit tous les enseignants. Françoise n'a jamais vu cet homme, parti de l'établissement avant qu'elle n'y soit recrutée. L'ancien directeur, que j'ai connu très moderne avec ses costumes bleus et son parfum, porte ce jour-là la soutane noire, fermée sur le devant par une cinquantaine de petits boutons sombres. Collés à lui, deux acolytes vêtus de la même manière ont mis sur leur tête un bonnet carré à pompon. C'est tout à fait ridicule, se dit Françoise Gullung face à ces déguisements d'ostentatoire austérité.

— Il ne faut parler de l'incident à personne, menace Pierre Silviet-Carricart en parlant du jeune Marc Lacoste-Séris. Si cela venait à se savoir, l'établissement pourrait fermer et vous risqueriez de perdre vos emplois.

— Et c'est pour ce genre d'inepties que vous nous réunissez ? lance la prof de maths.

Avec l'âge, la liberté dont faisait preuve cette femme prenait le pas sur la réserve qui l'avait caractérisée toute sa vie.

Silence dans la salle.

Avant d'ajourner le conciliabule, Carricart jette cette provocation que Françoise prend à tort pour de la pacotille.

— Vous me le paierez.

Françoise Gullung me sert un verre d'eau et me raconte tout cela. Nous sommes dans son appartement, au cœur de Pau, au printemps 1996, cinq mois après la mise au perron de Marc et quelques semaines après la gifle monumentale qui l'a rendu à moitié sourd. Jean-François Lacoste-Séris est là aussi, attablé comme moi. Il a la rage qui rugit à l'intérieur ; on a touché à son gamin. Deux fois. Si cela ne le mettait pas en action, ça voudrait dire qu'il est mort.

En 1996, en parallèle de mes études, je suis surveillant au lycée professionnel de Coarraze, à six kilomètres du sanctuaire de Bétharram. À l'époque, je suis de tous les combats : je manifeste contre le plan Juppé et contre le futur tunnel du Somport, je me syndique au SNES-FSU pour lutter pour le droit des pions à de meilleures conditions de travail et à une meilleure rémunération. Je suis le cliché du jeune révolté, illusionné par notre capacité collective à faire bouger les choses. Quand on s'investit, ça marche forcément, c'est mon credo !

À 45 ans, l'enseignante en mathématiques n'en est plus à ce stade. Si elle nous a réunis aujourd'hui, c'est certes pour discuter de nos modes d'action (c'est sa deuxième année à Bétharram, elle ne peut plus continuer à se taire), mais aussi pour nous alerter. Un soir qu'elle traversait la cour pour se rendre à sa voiture, elle a vu le surveillant De Behr donner le signal. Elle ne saurait nous l'expliquer mieux que ça : il a fait un geste de la main en direction d'un élève qui a alors lancé un ballon sur elle. Puis, tous ceux qui jouaient (ou faisaient semblant de jouer) se sont précipités sur elle. Elle s'est retrouvée comme prise dans une mêlée de rugby. Résultat : plusieurs os de la face fracturés et le nez cassé. Françoise Gullung ne croit pas aux coïncidences. D'autant que, depuis, quelqu'un a abîmé sa voiture sur le parking de Bétharram. Puis, il y a les appels anonymes chez elle. Les « On va brûler ta maison », ou les « Méfie-toi, tu vas mourir. » Son téléphone n'arrête pas de sonner. Ça ne veut pas dire qu'elle renonce à alerter, ce n'est pas son genre, mais Françoise comprend qu'elle court des risques.

Vous nous verriez tous les trois autour de la table, c'est la réunion des bras cassés du soulèvement populaire ! Séris explique qu'il a tenté de mobiliser les autres parents en distribuant des tracts devant Bétharram : un échec complet. Ignoré, il s'est ensuite fait exclure de l'association de parents d'élèves, dont il était pourtant responsable. Françoise, elle, a écrit des courriers au rectorat et au conseil général présidé par le ministre de l'Éducation nationale d'alors, François Bayrou. Elle est même allée lui parler directement lors d'une remise de médailles à Pau, assure-t-elle. C'est le père de Calixte, un élève de la même classe que Marc Lacoste-Séris ; il devrait être attentif. Elle n'a jamais eu de retour. Puis elle a écrit au diocèse, qui lui a répondu, en substance, de se mêler de ce qui la regardait.

Devant nous, sur la table, sont déposés les journaux du jour. Une fois l'histoire de Marc racontée, la presse cherche de nouveaux angles. Dans ces moments-là, les soutiens à Notre-Dame de Bétharram sont nombreux à être subitement très disponibles pour des interviews. Dans *Libération*, des parents d'élèves blâment les choix éditoriaux : si l'établissement n'était pas fréquenté par Calixte Bayrou, personne n'en aurait jamais parlé (cela a-t-il bien changé trente ans plus tard ?). Le 14 avril 1996, *Sud Ouest* publie « Bétharram : quelle affaire ? », un papier dans lequel pères et mères jurent que le collège a métamorphosé leurs enfants, fainéants et mauvais élèves, en des êtres obéissants et investis.

Cette rencontre à trois chez Françoise Gullung est surtout l'occasion de réaliser (si nous n'étions pas encore au courant) l'isolement dans lequel nous nous trouvons.

C'est la dernière fois que j'ai vu la prof de maths. Quelques semaines plus tard, alors qu'elle est convoquée pour assurer les examens du brevet, elle croise Marie-Paul de Behr, le surveillant qui a agressé Marc à deux reprises.

— N'allez pas au brevet, Madame Gullung, lui crache-t-il, narquois. Vous n'arriverez pas vivante.

À l'époque, tous ceux qui défendent la cause des enfants sont rabroués. Le combat que je mènerai vingt-cinq ans plus tard est bien loin. Peu de temps près, Françoise fera ses valises et quittera la région pour toujours.

La plainte de Jean-François Séris, déposée le lendemain de la Pâque 1996, parvient au parquet qui fait son travail. Le surveillant général, Marie-Paul de Behr, est convoqué pour être jugé.

11 juin 1996. Dès l'entrée du palais, ça grouille de pro-Bétharram. Un comité de soutien a été créé, aux membres prestigieux. Jean-Charles de Castelbajac,

couturier de Lady Gaga et Vanessa Paradis, est là, tout comme l'ancien directeur du FMI, Michel Camdessus ; le député Michel Péricard aussi. Tous anciens élèves, signataires de la pétition de soutien à Marie-Paul de Behr. L'audience devrait démarrer bientôt et je ne trouve pas Jean-François et son fils. Je les cherche. Dans la salle, j'aperçois Pétrin qui s'avance clopin-clopant vers les premières allées. La légende raconte qu'il est arrivé à Bétharram avec les meubles. Toutes les générations de collégiens ont connu Pétrin et la réciproque est vraie. Il a toujours été là et rien ne lui échappe. Du moins, c'est l'impression qu'il donne aux enfants qui ont fait de lui leur souffre-douleur.

Pétrin est l'homme à tout faire de la congrégation. C'est un monsieur petit et bossu qui traîne toujours son balai et sa disgrâce près des poubelles de l'établissement. La première fois que j'ai ouvert le célèbre roman de J.R.R Tolkien, je me souviens d'avoir aussitôt pensé à lui en découvrant le personnage de Gollum. Pétrin est depuis toujours acquis à la cause de Notre-Dame de Bétharram. Aujourd'hui ne fait pas office d'exception. Je le regarde tenter maladroitement d'attirer l'attention du distingué Serge Legrand et je n'arrive pas à avoir de compassion. Pétrin tend une lettre à l'avocat de l'institution qui, sans lui jeter un regard, s'empresse de la ranger dans sa serviette en cuir. J'ai de l'aversion – cela n'est pas très catholique – pour cet individu simplet et servile. Chez lui, je hais particulièrement ce que j'estime être de la bêtise et de l'absence de libre arbitre. En revenant vers le fond de la salle, il passe devant moi. Lui aussi me déteste. Avec Jean-François Séris, je touche à la seule chose qui, sur cette terre, lui ait jamais donné un peu de valeur. Bétharram est *son précieux*. Sans elle, il n'est rien.

Pétrin n'est pas le seul à défendre coûte que coûte les saints pères des Pyrénées. C'est aussi le cas de nombreux parents d'élèves, équipés d'œillères XXL fournies par l'institution elle-même. Bétharram remplit pour eux plusieurs fonctions. C'est d'abord une belle institution qui fait la fierté de la région. Les députés, maires et notables, jusqu'en Gironde, y mettent leur gosse. Il y a du beau linge ! Pour les privilégiés, c'est l'assurance de voir leurs enfants prospérer – le taux de réussite au baccalauréat est très élevé pour l'époque. Les modestes, eux, se saignent pour payer les 10 000 francs annuels de frais de scolarité ; pas question de rater une telle opportunité d'ascension. Et moi, avec mes grandes idées sur la bientraitance, je viendrai casser leur jouet social ?

Les Béarnais ont cette relation ambiguë d'attraction/répulsion avec Bétharram. D'un côté, ils s'en servent pour menacer leur progéniture : « Si tu continues à avoir de mauvaises notes, je te mets à Bétharram, là-bas tu fileras droit. » Mais de l'autre, ils ressentent une forme de fascination pour elle : « Ton fils est à Bétharram, *waouh !* Tu crois que je pourrais y envoyer le mien ? » La société, pensant alors que le martinet et le bâton sont des outils d'éducation efficaces, confond rigidité avec sérieux, et brutalité avec cadre éducatif. Puisqu'elle est la plupart du temps le reflet de sa société, la justice aussi.

À la fin du procès, comme le veut l'usage, le surveillant prévenu a prononcé les derniers mots de l'audience.

— Excusez-moi, je ne le ferai plus.

Ce piètre pardon a dû être considéré comme suffisant. Le 11 juin 1996, Marie-Paul de Behr est condamné à 5 000 francs d'amende avec sursis pour la gifle. Aucune sanction n'est prononcée à l'égard de l'établissement.

10.

Carricart

21 juin 1998.

Nicolas avait toujours été un enfant ouvert et clairvoyant. Ses parents se disaient que c'était à cause de sa semi-surdité de naissance. Puisqu'il ne comprenait pas tout ce qui se disait autour de lui, il avait pris l'habitude de poser des questions. Les séances de télévision hebdomadaires étaient, par exemple, un excellent moyen d'échanger en famille sur un tas de sujets. *Pourquoi Julie Lescaut arrête tel malfaiteur, Maman ? Et qu'est-ce que ça veut dire « prostitution » ?* Sa mère mettait, de surcroît, des ouvrages entre les mains de son fils tels que *Le troisième œil*, de T. Lobsang Rampa, un roman d'initiation ésotérique dans lequel un jeune homme (l'auteur lui-même, paraît-il) dialogue avec son maître sur des sujets tels que la méditation ou encore le suicide.

C'est ce dernier sujet que Nicolas avait choisi d'évoquer avec le père Carricart ce mercredi-là. Tandis que tous ses camarades étaient au sport, l'adolescent préférait philosopher avec le directeur de son collège. Débattre de la vie après la mort ou de spiritualité était devenu une habitude entre eux. Nicolas et le père Pierre Silviet-Carricart avaient noué une relation de confiance et de respect mutuel telle que le premier appelait le second par son prénom et que dans ce bureau, dont la porte n'était jamais fermée, ils se parlaient d'égal à égal. Ils pouvaient ne pas être d'accord, du moment que chaque point de vue était argumenté dans les règles de l'art. Cette relation s'était poursuivie de manière épisodique et épistolaire après le départ de Nicolas pour un lycée de Tarnos où ses boulangers de parents tenaient Le Fournil.

Aussi Nicolas, 15 ans, n'avait-il pas été surpris le jour où, alors qu'il s'entraînait à pétrir la pâte à l'atelier, son père lui avait apporté une enveloppe en provenance de Mauléon, où Carricart avait de la famille. Nicolas était même très fier de cette relation intellectuelle d'adulte à adulte qu'il menait déjà si jeune.

Mauléon, le 21-06-1998.

Bien cher Nicolas,

Bien que je sois interdit de contact avec les anciens élèves de Bétharram, et comptent (sic) sur ta grande discrétion à ce propos, je ne peux m'empêcher de t'envoyer ce petit mot. C'est un « Pierre » brisé dans sa vie d'homme et de prêtre par l'incroyable et calomnieuse accusation dont il fait l'objet qui vient simplement te dire bonjour...

Je ne vais pas m'étendre sur le détail de cette calomnie ni sur son auteur ; je viens simplement te dire combien je compte sur le soutien de ta confiance, de ton amitié et de ta prière. Avec ma reconnaissance et très sincère amitié.

Bien à toi et à tous les tiens ; de tout cœur.

Pierre.

P-S. : Si tu me réponds, ne fais pas allusion à cette lettre. Merci.

Quelques jours après ce courrier, l'ancien directeur de Bétharram faisait même la grande amitié à l'adolescent de se présenter à la boulangerie. Lors d'une balade au supermarché de Tarnos, il lui offrait un disque. Pas celui d'ACDC avec les cornes du diable que Nicolas aurait voulu (« Trop peu éthique », avait dit Carricart), mais un *best of* des Beatles à la jaquette plus sage.

En juin 1998, je ne connais pas Nicolas. Je ne sais rien de cette relation ambiguë que Carricart entretient avec lui. Je n'apprendrai l'existence du courrier du père directeur à Nicolas qu'en 2025. À ce moment-là, je ne sais rien d'autre de Bétharram que ce que j'y ai connu enfant. Des violences physiques extrêmes. Mais je cherche à me renseigner sur le collège et ses agissements. Depuis la plainte de Jean-François Lacoste-Séris et le simulacre de jugement qui en a découlé, je passe plus de temps au Mammouth de Pau qu'à l'université de droit – où je suis en dilettante un diplôme d'études approfondies (DEA). Planqué au fond du rayon presse du supermarché, je fais ce que tout bon étudiant fauché ferait à ma place : je pille quotidiens et hebdomadaires à la recherche d'un papier sur l'institution. Dès qu'il y a un article sur Bétharram, j'achète la publication, découpe les colonnes qui m'intéressent et range le tout dans un classeur. Or, c'est si rare que, deux ans après l'affaire de la gifle, je passe, pour le personnel de l'hypermarché, davantage pour un resquilleur que pour un consommateur exigeant.

Selon le dicton qui veut que tout vienne à point à qui sait attendre, je tombe un jour sur un article relatant une plainte pour violences sexuelles à l'encontre du père Carricart. Un jeune garçon prénommé Franck l'accuse de lui avoir imposé une fellation juste avant qu'il n'assiste aux obsèques de son père. Ma réaction est immédiate : je ne peux pas y croire ! Qui lance une telle cabale contre ce pauvre Papi fraise ? Le gentil, s'il en est un. Cette fois, contrairement à 1996, le journal ne donne pas d'informations sur l'identité du plaignant et je n'ai aucun moyen de le contacter. L'aurais-je fait, d'ailleurs ? Les punitions sur le perron et les claques qui rendent sourd font partie de mes attendus, mais les viols ? Non, absolument pas. Inconcevable. Cela fait cinq ans que le père Carricart a quitté la direction de l'école pour devenir intendant général de la Congrégation des Pères de Bétharram au Vatican. Il est désormais plus proche du pape que n'importe lequel de tous les protagonistes de ce livre, pourtant nombreux. Pour les catholiques, il se trouve à une personne de Dieu. Comment croire un petit gamin ?

L'affaire de 1998 ressemble plus à un roman de John Le Carré qu'à un bréviaire. L'expression n'est pas de moi, mais de l'envoyé spécial de *Libération* de l'époque, Gilbert Laval, que je lis chez Mammouth. Le 28 mai, Carricart est mis en examen pour viols et agressions sexuelles sur mineur de moins de quinze ans et placé en détention provisoire à la maison d'arrêt de Pau. Il y reste deux semaines. Puis, sur requête motivée de son avocat, il en sort avec l'autorisation de rejoindre les grands de ce monde. Direction le Vatican. La décision de la chambre de l'accusation de la cour d'appel de Pau étonne jusqu'au juge d'instruction, Christian Mirande, qui poursuit coûte que coûte son enquête.

Les gendarmes mettent un an et demi à trouver une autre victime. À la fin de l'année 1999, Pierre Silviet-Carricart est de nouveau convoqué. Cette fois, silence. Le prélat ne se présente pas. Surtout, il est introuvable.

Toujours dans les rayons de l'hypermarché, cette seconde plainte commence à me faire douter. C'est vrai qu'à mon époque des légendes qu'on pensait urbaines circulaient au collège. Des enfants qu'on enfermait dans des placards, des rumeurs de suicide… Pourquoi pas des agressions sexuelles, après tout ?

Le 4 janvier 2000, Carricart signe une nouvelle lettre destinée à l'institution Notre-Dame de Bétharram et à ses avocats Maîtres Serge Legrand,

Emmanuèle Legrand et Michèle Pédelaborde. Il ne pourrait supporter un autre séjour en prison. La presse en fait état. Le prélat y assure n'avoir « *violé aucun enfant* », mais que pris à la gorge par l'acharnement judiciaire dont il fait l'objet, « *sa vie sur terre s'achevait* ». Il conclut en disant : « *J'ai accompli mon chemin de croix, je suis au Golgotha.* »

Ce courrier m'indigne. Moins par la nature des accusations que par cette manière irresponsable de refuser d'en répondre. Je prends mon stylo et écris une bafouille qui sera publiée dans le courrier des lecteurs de *La République des Pyrénées*.

« J'ignore si les allégations portées contre l'ancien père directeur sont fondées ou non, mais l'attitude de l'homme d'Église qui choisi (sic) de fuir me paraît surprenante. […] Le père légitime cette attitude au nom de la théorie du martyre et du harcèlement. C'est encore et toujours l'opacité qui mène l'institution depuis des années à sa perte. Je ne pleurerai jamais sur un homme qui a dirigé une institution où la violence était organisée en système pédagogique et ma pensée, aujourd'hui, se dirige vers les souffrances et les pleurs de mes camarades des années 1980. De toute façon, coupable ou pas devant la justice humaine, c'est aujourd'hui ou demain devant la justice divine qu'il

faudra se présenter et être jugé. C'est aussi cela le vrai sens du mot "chrétien". »

Je signe : « *Alain Esquerre, ancien élève, Montaut.* »

Pour l'anecdote, cela me vaut d'ailleurs des bricoles. Il se trouve que j'ai depuis l'enfance un homonyme originaire du même village. Élancé, du même âge et à l'accent chantant, c'est un autre moi – la propension à perturber l'ordre établi en moins. En janvier 2000, je me rends à Bordeaux où vit le consensuel Alain Esquerre pour passer un concours administratif. Plus par modicité que par amitié, je lui demande de me loger. Il accepte et me reçoit dans son petit appartement.

— Tu sais Alain, les gens nous confondent, me dit-il alors que je m'installe. Ils pensent que c'est moi qui ai écrit dans le journal…

Le Bordelais parle sans aigreur. C'est plus un constat qu'une revendication. Mais il ne va pas me mentir : ça le met très mal à l'aise.

À l'époque, les scandales de pédophilie dans l'Église catholique ne sont pas sortis. Les figures du prêtre et de l'instituteur sont respectées et ces hommes sont intouchables. Forcée ni par la presse ni par la justice à sortir de cette illusion de réalité, la société roucoule et tout le monde s'y sent bien. Je ne sais pas d'où me vient ma lucidité. Paradoxalement, sûrement de mes années à Bétharram. Pas encore pervertis par les normes en vigueur dans nos villages, les enfants sont bien plus clairvoyants.

Le 2 février 2000, un corps est repêché dans le Tibre par les autorités italiennes. Huit jours plus tard, une foule immense se masse aux obsèques du prêtre. Les notables béarnais sont là. Élisabeth Bayrou, l'épouse de l'élu le plus connu des Pyrénées-Atlantiques, est présente. Tous viennent pleurer le destin du père sacrifié sur l'autel judiciaire.

Mais le corps est-il vraiment celui de Carricart ? Il a certes été repêché avec un chapelet à la ceinture, mais le rapport d'autopsie indique que le cadavre pèse 80 kg et mesure 1,75 m. Or, sur ses papiers d'identité, le père Carricart mesure officiellement 1,70 m. Pris d'un doute, le juge d'instruction qui travaille sur l'affaire, Christian Mirande, ordonne son exhumation. Sur une enquête aussi importante, il s'agirait de ne pas se tromper. La presse fait brièvement état de ce rebondissement. Mais expertise faite, le doute n'est plus permis : il s'agit bien de Pierre Silviet-Carricart. Il n'y a pas eu de substitution de cadavre. Avec le rapport du légiste s'éteindront toutes poursuites judiciaires contre un Bétharramite. Enfin, jusqu'à l'année 2024.

11.

Jean-Rémy

Hiver 2024.

Jean-Rémy Arruyer produit des cartes topographiques de haute montagne. C'est un métier très difficile. Imaginez-vous tous les sentiers et les reliefs à indiquer, les routes sinueuses et étroites à emprunter, du sang et de l'eau qu'il faut suer pour parvenir à rendre compte sur une feuille de papier de la grandiloquence de massifs enneigés. Il y met du cœur et il passe sa vie à bouger. Nomade, c'est comme ça que son fils le définit. Suisse, Italie, Chamonix, ou tout près de Pau, dans les Pyrénées. Lui n'est bien que quand il s'élève au-dessus du précipice. On peut le dire : Jean-Rémy a un don. Celui de cartographier le territoire. En revanche – du moins pour l'instant, il est incapable d'en faire de même avec sa propre souffrance.

D'elle, il ne dit pas grand-chose. Aux trois compagnes qui vont se succéder dans sa vie, il déclare : « J'étais à Bétharram. J'ai vécu l'enfer là-bas. » Et c'est tout. Fermeture du ban. Ce qu'il lui reste du collège, au fond, c'est une bouillie informe et sans nom. Il n'a jamais trouvé comment la qualifier, alors il n'en parle à personne. Pas plus à moi, d'ailleurs. Quand il m'écrit la première fois, Jean-Rémy s'exprime correctement, mais il prend des détours, parle en images.

— Tu es trop vague, je lui reproche doucement. J'ai besoin que tu sois plus précis.

On dirait un homme politique ! Ces phrases sont chocs, mais je n'y comprends rien. Il ne raconte rien de personnel, rien de vécu. Comme si cela concernait quelqu'un d'autre. D'ailleurs, il n'utilise même pas sa vraie identité, mais son pseudo : Alpha Orionis. Le nom d'une étoile supergéante rouge. Une étoile extrasolaire. Je ne le saurai que plus tard, en découvrant sa personnalité lumineuse : ce qualificatif lui va parfaitement.

Le 7 février 2024, à 16 h 26. Je reçois un message de Jean-Rémy :

— Bonjour, Alain, si tu es dispo, je peux te rejoindre à ton bureau à 16 h 30.

Que voulez-vous que je réponde ? Il est déjà sur le trottoir, devant mon boulot ! Il a sûrement eu le déclic, je me dis. Je le fais entrer. L'homme, la petite soixantaine, a un physique solide. Du genre à escalader des montagnes (littéralement). Même en étant sur les routes et les chemins depuis quarante ans, il a gardé le petit accent local que nous partageons presque tous. Dans mon bureau, ça dit les pires horreurs, mais toujours ça chante.

Jean-Rémy est l'un des plus âgés à avoir rejoint le groupe Facebook des victimes de Bétharram. On pourrait croire que plus l'eau coule sous les ponts, plus il est facile de raconter. Cet après-midi-là, j'assiste à tout l'inverse. L'enfer de Jean-Rémy Arruyer, n'ayant encore jamais été mis en mots, reste coincé quelque part entre la mémoire et la gorge de mon interlocuteur. Je lui propose de faire ce pour quoi il est venu frapper à ma porte. Je l'encourage. Mais le courage a-t-il quelque chose à voir là-dedans ?

— Quand tu es alpiniste, tu n'as pas peur ; tu jauges la situation, m'explique-t-il tout en circonvolution. Aujourd'hui, je perçois un danger pour les miens. Derrière cette école, c'est la Congrégation des Pères de Bétharram. Et encore après, c'est le Vatican ! Ce sont des gens puissants. Il ne faudrait pas qu'ils s'en prennent à Jeoffrey, Benjamin et Luna !

Si Jean-Rémy imagine que la Congrégation peut nuire à ses propres enfants, c'est qu'il en connaît l'influence. Pas seulement dans le département, mais dans le monde entier. La Congrégation a depuis toujours des liens très étroits avec le Vatican. La maison générale de Bétharram est située à Rome. Après sa mise en examen, Carricart a trouvé refuge à Rome, et le père Landel (qui lui a succédé et a occupé le poste de directeur de 1993 à 1998) a été nommé archevêque émérite de Rabat, au Maroc, par Jean-Paul II. Jean-Rémy ne sait pas dans quelle mesure la Congrégation a fait jouer ses relations, mais depuis cinquante ans, tous les bourreaux s'en sont tirés indemnes.

Comme je le comprends, ce père de famille. Je serais prêt à tuer si l'on touchait un cheveu de Vasile, mon fils adoptif. Nous sommes sur le même bateau.

Je me confie à lui, tout en espérant qu'il en fasse de même. Devant cet homme que je rencontre pour la première fois, la place de « chef d'équipe » est dure à prendre. Il faut échapper à une nouvelle coercition tout en restant droit sur notre objectif commun ; ménager, mais parvenir à ouvrir des portes verrouillées depuis cinquante ans. Ces premières minutes entre lui et moi sont comme un tango, fragile et ferme ; une découverte de l'autre à tâtons, pour créer une confiance *ex nihilo*. Je me permets de mener cette danse car je sais qu'il est prêt à parler. Il est là et je le vois : il a conscience que c'est la somme de nos malheurs qui fera plier le silence de Bétharram.

Et puis, il se lance :

— Je ne porte plus de montre depuis le collège.

Jean-Rémy démarre d'où il peut. Il commence par le début de la semaine.

— Dès le dimanche matin, le compte à rebours était lancé. Je regardais ma montre toutes les cinq minutes, jusqu'à 19 h 15. C'est l'heure à laquelle mon père m'emmenait prendre le car à Pau. Sur le parking, il y avait deux bus. Je regardais quels élèves montaient dans quel bus. Il ne fallait pas se tromper. Les grands enfants n'étaient pas plus gentils que les adultes. J'ai oublié de dire qu'avant de quitter la maison, je passais aux toilettes et j'enfilais un gant sur mon sexe. Comme ça, quand on me tripotait, au moins j'avais ça. C'était mon armure.

Tout avait commencé par les mains baladeuses du père Carricart. Les petits sixièmes en avaient fait un jeu. Ça s'appelait le « Malheur aux vaincus ». Si tu ne t'étais pas collé contre un mur à temps alors qu'il arrivait derrière toi, tu avais perdu !

— Tu l'as pris comment ? Qu'est-ce qu'il t'a fait ? demandaient alors les enfants.

— J'ai pris une olive !

Carricart, il ne met pas des mains aux fesses, mais entre les fesses. Il les empoigne. Une olive, c'est quand avec ça, tu as le supplément doigt dans l'anus. Dans le « Malheur aux vaincus », une olive, ça coûte beaucoup de points. Ça fait rire les gosses, mais ils rient jaune. Parce qu'au fond, ils comprennent, sans trop savoir pourquoi, que c'est dégradant. Les petits sixièmes comme Jean-Rémy, ça fait les matamores pour résister. Ils essaient de récupérer un peu de fierté. Mais dès lors que personne n'en reparle plus jamais, c'est bien que ce n'est pas normal.

— Mon seul sauf-conduit est d'être premier dans toutes les matières. C'est aussi ce qui a fini par me perdre.

En juin 1974, Jean-Rémy obtient des prix d'excellence presque partout : sciences naturelles, lecture, récitation, conjugaison, grammaire, vocabulaire. L'année suivante, dans plus de matières encore, il rafle à nouveau tout ! C'est un petit bonhomme intelligent. Ça le sauve un peu. À Bétharram, on embête moins les intellos. C'est une logique d'adultes, aussi énigmatique soit-elle. Ça n'empêche pas les adolescents de saisir les petiots qui passent dans les couloirs et de s'enfermer avec eux aux toilettes. C'est toujours par surprise. En trois secondes, tu te retrouves avec un grand qui te tripote. Jean-Rémy, il a son gant. Ça le protège, qu'il pense. Mais en vrai, ça ne le protège de rien du tout. Quand il est coincé aux toilettes, avec un type de quinze ans qui lui dit : « Tu vas me sucer, hein, allez, tu vas me sucer maintenant », le gant ne sert à rien. Le gant de toilette n'est efficace ni contre la peur ni contre l'abîme qui s'ouvre à l'intérieur de soi. Il refuse, il lutte, se débat, se raidit le corps de toutes ses forces pour qu'on ne puisse pas le faire plier en deux, mais intérieurement, il est dévasté, recroquevillé.

— Pour le moindre papier qui tombe par terre, tu te prends la volée de ta vie à Bétharram, mais quand t'es contre la porte du cabinet, là, il n'y a personne pour le voir. Je passe ma journée à me dire : « Qu'est-ce qu'il va m'arriver aujourd'hui ? Est-ce qu'on va me violer ? »

En fait, c'est faux. Parce que Jean-Rémy ne connaît pas ce mot. Il a beau être premier en vocabulaire, il n'en sait pas assez pour pouvoir dire. Les mots sont le propre de l'humanité. En manquer, ça rend la réalité impalpable.

Comme il est malin, le garçon trouve des stratégies. Déjà, il ne va plus à la douche hebdomadaire du mercredi, après le sport. La douche, ce repaire à pédo. Les gosses sont alignés et attendent les uns derrière les autres, en slip. De toute façon, à Bétharram, t'es toujours en slip. Les punitions sur le perron, il faut les faire en slip aussi. Quand c'est ton tour, tu as une minute pour te savonner, trente secondes pour te rincer. Si tu as de la chance, tu as un peu d'eau tiède. Après, il faut sortir, vite, vite. Si les délais ne sont pas respectés, deux paires de claques. On se casse la gueule à poil sur le sol mouillé. Ça les fait marrer, les Cheval et les Carricart. Alors Jean-Rémy croit avoir trouvé la parade : à la place du sport, il décide d'aller à la catéchèse.

— Le rituel de fin de session consiste à se confesser. L'adulte est assis sur une chaise. Moi, je me tiens debout contre sa cuisse. Il met sa main sur ma nuque, et sa bouche à quelques centimètres de la mienne.

L'odeur de l'haleine ne s'oublie jamais. Dans son cerveau, c'est l'alerte rouge. Jean-Rémy se sent seul et en grand danger. Il pensait que ce serait mieux que la douche. Mais personne ne peut fuir à Bétharram.

Il garde le gant de toilette jusqu'à la fin de la quatrième. Entre-temps, il s'entraîne. Le week-end, il prend des cours de karaté et fait des stages pendant les vacances scolaires. En trois ans, il progresse vite et est déjà ceinture marron. Dans le garage familial, il tape aussi dans un sac de frappe. Pieds. Poings. *Bam, bam, bam*. Il veut être assez fort pour tuer quelqu'un, si jamais. Qu'on ne l'emmerde plus. En plus, il continue à avoir d'excellents résultats. En grandissant, Jean-Rémy sort la tête de la fragilité juvénile et, du même coup, de l'eau.

En 1979, alors qu'il rentre des vacances de la Toussaint, il est nommé surveillant du dortoir Saint-Augustin, celui des CM2. Ça fonctionne comme ça ici : les plus grands gardent les petits pensionnaires du collège. Jean-Rémy a une trentaine d'enfants sous sa responsabilité. Rapidement, le préfet de discipline lui fait des reproches.

— Arruyer, ça parle dans ton dortoir !

Mais il s'en fout. Ses CM2 sont trop mignons. Ils ne font de mal à personne. Ce sont juste des enfants. Jean-Rémy ne veut pas faire comme les autres, ces lycéens surveillants, trop contents de reproduire la violence de ceux qui leur ont tapé dessus avant. « Enfin, on va pouvoir taper ! » Jean-Rémy temporise. Il encaisse les remarques et ne parle à personne.

Un soir, il est dans son dortoir. Les petits dorment, quand il entend un petit couinement de porte. Contrairement aux enfants, alignés les uns aux autres dans leur lit, Jean-Rémy a le privilège de coucher dans une petite cabane à ciel ouvert. La cloison est équipée d'une petite lucarne, dont l'usage premier est de fliquer les petits bouts. Il jette un œil au dortoir. Le père Carricart pénètre dans le dortoir. À pas de loup, il fait mine de border les enfants. En replaçant les draps, il se repaît de la vision de leurs petits corps abandonnés au sommeil et caresse les pyjamas. Ce type est une ordure, se dit Jean-Rémy, que tout le monde appelle désormais Jim.

Jim n'attend que ça, de « se faire un curé », c'est l'expression à laquelle il pense quand il frappe dans le punching-ball dans son garage. Mais à quinze ans, qu'est-ce qu'on peut faire contre le *big boss* de l'école ? Personne ne va le croire, c'est sûr. Il n'a pas l'air, Carricart. Les gens qui croient qu'être pédophile se porte sur la gueule se trompent. Dans notre univers en noir et blanc, le directeur de Bétharram brille.

Vous le verriez se balader dans les couloirs de son école… Le gars marche sur l'eau. Jean-Rémy respire. Toute sa scolarité, il a vu des gamins disparaître du dortoir en pleine nuit, emmenés par un tel ou un autre. Il sait aussi que l'enjeu n'est pas la vengeance. Alors, il range sa haine et dessine mentalement les contours de sa mission : protéger les enfants.

Il met en place des subterfuges. D'abord, il traficote la porte pour qu'elle fasse plus de bruit. Quand le directeur entre dans la pièce, Jean-Rémy le teste : il tousse ; il allume sa lampe de chevet. En silence, ça veut dire : « Je veille sur eux, ne t'en approche pas. » Mais le père Carricart ne vient pas tous les jours, et jamais aux mêmes heures. Il faut veiller à ne pas s'endormir, ou pas trop profondément. C'est inconfortable, mais ça fonctionne. Jusqu'en décembre. Les jeunes surveillants ne sont désignés que pour un temps déterminé, de la fin des petites vacances au début des suivantes. À Noël, il faut passer la main. Mais, à qui ? s'inquiète le lycéen. Les jeunes choisis sont loin d'être l'élite intellectuelle et morale.

— Dès la rentrée de janvier, je rumine, me raconte-t-il. Dans mon dortoir de grands, je pense à mes petits. Carricart est-il dans leur chambre en ce moment ? Ça m'obsède. Je commence à péter les plombs.

Coup de bol, le surveillant de Saint-Augustin se casse une jambe ou un bras, Jean-Rémy ne sait plus vraiment. Il est rappelé. Dès février, il peut reprendre ses rondes. Mais la tâche est lourde. Peu à peu, il dort de moins en moins, cesse de se nourrir. Pour la première fois de sa vie, ses notes dégringolent.

Une nuit, le surveillant entend la porte s'ouvrir.

— Jim, ramène-toi ! Y a un gosse qui va super mal.

C'est un autre surveillant. L'air bouleversé.

— Je laisse mes petiots et me précipite dans le dortoir supérieur. Dans son lit, l'enfant de sixième tremble comme une feuille. Il est tout pâle. Je me penche vers lui. Il arrive à peine à ouvrir les yeux quand je lui parle.

— Il faut trouver un adulte, je dis.

Avec l'autre surveillant, nous nous mettons à courir. Chacun va chercher de l'aide. Je descends dans les parties administratives. Je frappe à toutes les portes. Dans un établissement qui contrôle tout, les moindres faits et gestes, et où il est interdit de parler vingt-deux heures sur vingt-quatre, il est surprenant de constater que quand on a besoin d'eux, les adultes sont ailleurs. Personne ne vient sauver personne. Nous remontons bredouilles. Le lendemain, le garçon était mort.

Il y a peu Jean-Rémy a retrouvé la famille du malheureux. Si à l'époque, elle n'a pas eu de raison de douter de la version du directeur, aujourd'hui elle s'interroge…

— En mai, poursuit Jean-Rémy. J'ai annoncé à ma mère que je ne retournerais plus là-bas, que je laissais tomber. Elle ne m'a pas posé de questions. En revanche, elle a écrit à Carricart et à la Congrégation du Sacré-Cœur de Jésus de Bétharram. Elle demande pourquoi son fils va si mal. Ses lettres n'ont jamais connu de réponse. Moi non plus, remarque, je n'ai jamais rien expliqué. Ça faisait sept ans que je vivais dans *L'Enfer* de Dante. J'y avais passé plus de temps qu'avec mes propres parents. Je ne pouvais rien leur raconter sans les détruire, du moins c'était ce que je pensais. Les enfants croient toujours qu'ils vont détruire leurs parents, alors que ce qui pourrit les familles, ce sont les mensonges et le silence. Mais ça, bien sûr, je ne le découvrirais que tard. J'ai passé mon enfance à regarder la ligne de crête qui domine la vallée d'Argelès et à me dire que je fuirais là-bas, quand le courage et l'occasion se présenteraient. C'était mon seul horizon.

Dans mon bureau, la nuit est tombée.

Ce soir, le Calvaire de Bétharram n'a jamais aussi bien porté son nom.

12.

« Heureux ceux qui ont faim et soif de la justice[1] »

Jean-Rémy ne fait pas partie du premier corpus de plaintes que j'envoie chez le procureur de la République de Pau. Pour lui, comme pour de nombreuses victimes, le temps n'est pas venu. Le dossier que j'adresse par la poste au tribunal judiciaire le 30 janvier 2024 est bien mince, en comparaison de la taille réelle de l'iceberg (dont je ne connais toujours pas aujourd'hui le contour exact) : 20 plaintes, dont 5 pour des agressions sexuelles ou des viols commis entre 1980 et 1990.

1. *La Bible*, Évangile selon Matthieu 5:6-11 S21.

Finalement, Pascal a surmonté sa peur et joint sa plainte aux autres. À côté, il y a aussi celle de Brice. La plainte de l'espoir, puisque, c'est du moins, ce que je crois à l'époque, la seule non prescrite.

Mes Cerfa, ces lettres-plaintes, sous le bras, je tremble. J'aurais mieux fait d'être plus assidu en cours de droit, me dis-je avec le recul. J'aurais su que je pouvais les remettre en main propre au procureur. Mes maigres connaissances en criminologie ne me sauvent ni du sentiment d'imposteur qui me serre la gorge (suis-je la bonne personne pour cette tâche, moi qui ai été relativement protégé par mon statut d'externe ?) ni de l'angoisse à l'idée de devoir un jour avouer aux gens qui m'ont suivi qu'ils ont remué le couteau dans leurs plaies à vif pour rien. Devant la poste, avant de l'envoyer en recommandé, je sers ma chemise cartonnée et je doute si fort. La justice n'a pas eu Carricart vivant, à quoi bon dénoncer ses actions maintenant qu'il est mort ? Pour les autres, tous les faits, ou presque, sont prescrits. Tout cela sert-il à quelque chose ? Se peut-il que Maître Sagardoytho ait eu raison et que le remède que j'ai vendu aux victimes soit pire que le mal ? Voilà, je glisse l'enveloppe dans la boîte. J'y vais en amateur, sans avocat. Je pourrais aller déposer le dossier directement au tribunal, mais je ne sais même pas que cette option existe. Je suis novice, j'y vais au feeling. Dans mon courrier, j'ai fourni une explication de texte à destination du procureur de Pau. Je l'informe qu'il y a 269 membres sur le groupe Facebook des victimes, laissant ainsi entendre qu'il y aura d'autres envois, et je souligne l'identité des trois agresseurs qui reviennent sans cesse : Carricart, Martin, Saget. N'étant pas un officier de police judiciaire, ces plaintes ne sont pas exhaustives, je précise. Dans un Cerfa, les victimes donnent un témoignage libre. Certaines donnent une description très précise des agressions qu'elles ont subies ; d'autres restent succinctes. Les gendarmes devront, sous les ordres du procureur, auditionner les anciens de Bétharram pour recueillir des plaintes en bonne et due forme. Je crains que mon affaire soit prise à la légère : faits prescrits, mis en cause pour la plupart décédés, affaire trop ancienne, voilà ce qu'on pourrait m'opposer. Je précise donc au procureur, le mettant en garde : ce n'est que le début et il lui reste encore beaucoup de travail d'enquête après celui que j'ai mené moi-même. Je visualise Rodolphe Jarry, dans son bureau, découvrant ma lettre et s'emparant de ce que je considère comme la prunelle de mes yeux. *Alea jacta est.*

Maître Sagardoytho m'avait prévenu que je ne recevrais aucune réponse à mon courrier, la justice travaillant mieux sans tambour ni trompette. Le parquet de Pau ne déroge pas à la règle. En réalité, j'obtiens mieux que cela. Le 1er février 2024, à 10 h 15, je suis au bureau lorsque mon téléphone sonne. Encore un numéro inconnu. Probablement une victime, me dis-je. Je décroche.

— Monsieur Esquerre ? Bonjour. Je suis Carole Suhas, de l'Agence France Presse. J'apprends à l'instant que le procureur de la République de Pau a ouvert une enquête préliminaire à la suite de vos signalements. Je suis en train de rédiger ma dépêche, je vous appelle pour une réaction.

Les mots de la journaliste sont puissants. Je bondis de ma chaise. Et puis, je m'effondre. Comme un gamin, je tombe sur le sol. Je me mets à pleurer, comme ça, par terre. L'adulte si engagé et organisé redevenu le petit Alain de Bétharram. Mais cette fois, ce sont des larmes de joie que je verse. Une enquête préliminaire ! Alors, les conséquences des coups de Cheval, de Martin et des autres sur ma vie, sur celle des autres enfants, ce n'est pas rien ? Et cette bataille contre la forteresse catholique, ce n'est pas vain ? Je m'étale ainsi. Car ça fait quarante ans que j'attends ce moment.

Après l'appel de l'AFP, le besoin de prendre l'air me saisit. Je quitte mon bureau. Je dirige un centre d'activités pour aveugles et déficients visuels. Notre mission est de contribuer au bien-être et à l'intégration des personnes en situation de handicap. J'ai toujours travaillé dans le secteur du social et les employés qui m'accompagnent dans cette tâche et que j'encadre depuis plusieurs années sont des gens très tolérants, mus par des valeurs de solidarité et de compassion. En me dirigeant vers la sortie, je croise certains de mes collègues. Ils peuvent lire sur mon visage que je suis bouleversé et que je viens de vivre un grand moment. Les leurs, en revanche, sont fermés. Je vois leurs yeux se baisser sur mon passage, retourner à leur ordinateur. Face à la puissance de mon émotion, personne n'ose me demander ce qui m'arrive, ou même si je vais bien. Depuis octobre, ils savent pourtant qu'il se passe quelque chose. Je ne m'en cache pas. Ce combat que je mène, je m'en ouvre à eux régulièrement. Certains ont même croisé des victimes venues me rejoindre à la fin de mes heures de travail pour témoigner. Alors, pourquoi n'ont-ils rien dit ? Pas que j'ai réellement besoin d'encouragements, mais leur gêne me dérange et me blesse. Que signifie leur mutisme ? À Montaut, c'est pareil. Le numéro de *La République des Pyrénées* avec ma gueule en une trône sur le comptoir de la boulangerie et personne pour réagir ? Tout le village se connaît, pourtant ! Je ne serais pas contre une tape dans le dos ou même un reproche, pourquoi pas. « Je ne suis pas d'accord avec vos actions, vous nuisez à la réputation de la région. » Même ça, je prendrais ! Je ne demande pas qu'on plussoie, mais au moins un commentaire pour ouvrir le débat. Au contraire, tous ceux qui gravitent autour de moi jouent au roi du silence. Je les vois bien me regarder du coin de l'œil. C'est un mutisme qui manque de discrétion et une neutralité qui confine au déni. *Putain de pudeur !* ai-je envie de lancer. *Marre du qu'en-dira-t-on !* Ce silence a permis à ce scandale de continuer. Bétharram est le fruit d'une omerta. Et je ne sais comment nous en sortir tous.

Après l'ouverture de l'enquête par le parquet de Pau, je reprends immédiatement ma quête. Le ring sur lequel je boxe se trouve au bord du gave ; la remise en question des mentalités de notre région, voire de notre pays tout entier, attendra. Bâton au poing, je suis le pèlerin qui va à la rencontre des victimes, quand elles vivent toujours à proximité, et qui passe des heures au téléphone avec les autres. Les jours passent et mes techniques se rodent. J'écoute mieux et note plus efficacement. Je me sens comme une intelligence artificielle que l'on alimente, créant des connexions entre les différents personnages, époques et méfaits. Cette mise à distance me permet de ne pas craquer. Dans ce foutoir se dessine progressivement une logique.

Pour mieux me plonger dans les histoires des uns et des autres, je demande à mes interlocuteurs des photographies qu'ils auraient éventuellement gardées. Une victime m'envoie une photo des vacances qu'il a passées avec Patrick Martin dans les années 1980. Le cliché est pris dans la rue qui longe le flanc gauche de la cathédrale de Notre-Dame de Paris. Quatre adolescents et leur jeune accompagnateur (Martin), tout sourire, sautent en l'air devant l'objectif. J'identifie un à un les enfants. Je les connais. Trois des quatre m'ont contacté, au cours de ces dernières semaines. J'observe attentivement la photo. Oui, ce sont bien eux. Ces gosses qui rigolent, comme on le fait à 13 ans, ont presque tous été agressés par le moniteur qui pose à leurs côtés. Je classe la photo dans le dossier. Elle partira chez le procureur dans le prochain corpus.

Début 2024, de nouvelles lettres-plaintes visant ce surveillant ne cessent de me parvenir, toujours plus nombreuses, avec chaque fois le récit des faits de plus en plus graves. À 13 ans, Laurent a été sodomisé lors d'un voyage scout organisé par Bétharram.

C'était en 1985. Patrick Martin incarne le viol à grande échelle. Presque toujours l'été, sous la tente, pendant les colonies. Quand il arrive à Bétharram, il n'a pas vingt ans. Puisqu'il est affable et se prétend proche des élèves, les parents lui proposent même de se joindre à eux pendant leurs vacances. « Venez passer un moment dans notre maison de famille en Jamaïque ! », l'invitent ceux de Simon. Il l'y agressera. Je découvre aussi que Martin s'en prend souvent aux familles monoparentales. Plusieurs témoignages convergent. Il séduit les mères pour atteindre leur fils. Comme celle de David. Divorcée, la pauvre élève ses trois ados toute seule. Qu'à cela ne tienne, Patrick Martin, tel le Sauveur, se présente. D'abord, il emmène David en camp scout. Et puisqu'il vit à deux pas de l'école, pourquoi ne pas l'héberger tant qu'on y est ? De la sixième à la troisième, David subira attouchements et fellations. Dix ans plus tard, il s'en ouvre à sa mère. Direction la gendarmerie de Pau. Plainte déposée; confrontation avec l'intéressé organisée. Devant sa victime, le surveillant nie. Fin de l'histoire. Parole contre parole, comme toujours. Au grand désespoir de David, son affaire a été classée sans suite par le commissariat de Biarritz auprès duquel il avait porté plainte. Depuis, à 48 ans, il tente tant bien que mal de se reconstruire en dépit de cette plaie béante impossible à cicatriser.

Quand ça se passe la nuit, il reste des sensations, mais pas d'images. Certaines victimes me confient des souvenirs flous. Des bruits de salive et de peau. Une voix familière – « Rendors-toi, ce n'est pas grave » –, dont on n'identifie pourtant pas le propriétaire. C'est un serpent qui s'immisce sous leurs draps. Pas vu, pas pris. Est-ce qu'il s'agit de Martin, lui qui opère toujours de nuit ?

Un jour, j'aperçois ma mère de 85 ans autour de mes piles de Cerfa, dans la salle à manger. Mes notes ne sont plus en bazar comme c'était le cas au début. Il y a un classement, arbitraire et imparfait, mais qui a le mérite d'exister. Toutes les paroles qu'on me confie, je les archive minutieusement pour comprendre la logique propre à chaque assaillant. Pour Martin, Saget, Carricart, je cherche à entrevoir la mathématique pédophile. « Connais ton ennemi et connais-toi toi-même, et cent batailles ne te mettront jamais en péril[1]. »

Plus Cheval frappe et plus il en jouit. Plusieurs victimes – y compris certaines qui, comme moi, n'ont connu que des violences physiques – constatent qu'au moment de les frapper, Damien Saget a une

1. Sun Tzu, *L'Art de la guerre*.

érection visible à travers son pantalon. Sa chevalière retournée face paume, il va le plus loin possible dans l'essorage des corps. Les enfants ont presque la langue pendante, comme des animaux exsangues, quand il s'arrête. Puis vient la phase deux. *Viens te reposer sur mes genoux.*

Début février, les plaintes le concernant se multiplient. Plus je lis de Cerfa, plus je comprends la place qu'il occupe à Bétharram. Cheval, c'est Richelieu version pédocriminelle. Tandis que Louis XIV (Carricart) admire les allées et bosquets des jardins de Le Nôtre, le cardinal (Saget) fait régner l'ordre – et surtout la terreur – à Versailles. Avec sa veste chic et sa moustache, il incarne par excellence la discipline et la sévérité auxquelles on aspire dans les années 1980.

Quant au père Carricart, il prend le dortoir pour un supermarché. Il attaque tous azimuts le soir, quand tout le monde dort. Il va chercher un élève qu'il trimballe jusqu'à son bureau. Parfois même, il se le fait amener par l'élève plus âgé qui surveille les pensionnaires. Puis il le renvoie dormir. Ni vu ni connu. Avec sa bonhomie naturelle, il apparaît comme la personne charitable qui cherche à arranger les parents. Toujours prêt à faire un aller-retour à la gare toute proche de Coarraze du moment qu'il peut profiter d'un petit tête-à-tête avec l'élève dans sa vieille Renault.

Le 12 février 2024, mon deuxième corpus est prêt. Il porte le nombre de lettres-plaintes transmises à la justice à trente-trois. L'âge du Christ au moment de sa mort. Dans mon courrier au procureur, j'indique mes remarques sur les trois différents modes opératoires. Avant les classiques formules de politesse, je signale rien de moins qu'une fellation commise par le frère Martineau[1], et un attouchement par le père Ségur[2]. On m'a aussi fait part de plusieurs viols en réunion au sein de l'établissement, commis par plusieurs jeunes de 17 et 18 ans sur un garçon de 14 ans. Par peur des représailles, la victime ne veut pas porter plainte, mais je le notifie quand même. Parce que, derrière ces faits a priori isolés, se cache en fait un système criminel du vice propre à Notre-Dame de Bétharram que je ne vais pas tarder à découvrir.

Je rentre chez moi et trouve ma mère, prostrée dans son fauteuil. Ça ne va pas bien du tout. Je la vois haleter, elle a des difficultés à respirer, Simone a toujours été une femme solide. À chaque fois qu'elle a eu un problème de santé, elle s'en est tirée.

J'appelle les pompiers. Ils l'installent sur une civière. Les médecins m'apprendront plus tard qu'elle

1. Nous rappelons qu'à ce stade la personne est présumée innocente.
2. Nous rappelons qu'à ce stade la personne est présumée innocente.

a de l'eau dans les poumons, ce qui explique qu'elle peine à prendre l'air.

— Cette fois, c'est la bonne, me murmure-t-elle.

Elle dit ça à chaque fois, me dis-je. Peut-être est-ce le petit garçon en moi qui refuse de croire que sa mère puisse mourir. Comment envisager la possibilité d'être orphelin ? D'autant plus maintenant ? Elle ne m'a certes pas prodigué l'affection sonore et tapageuse que j'ai espérée, voire attendue toute ma vie, mais soigner son enfant intérieur sans le concours, même silencieux, de sa mère, je ne m'en sens pas capable.

Dans l'espoir de faire s'exprimer enfin cet amour maternel trop discret, je tente, hésitant :

— On peut se dire la vérité, tant qu'on est là tous les deux…

Elle me regarde avec ce regard que je connais si bien, plein d'une tendresse sourde.

— Je vois ce que tu fais, Alain. Je suis très fière de toi.

13.

La mécanique du mal

Pourquoi n'as-tu pas parlé plus tôt ?

Les victimes entendent souvent cette question. Les gens s'étonnent. Bah, oui. Parler, ça soigne. Parler, ça permet d'ouvrir des enquêtes judiciaires. La violence et la perversion auraient cessé sitôt les premiers méfaits condamnés, les générations suivantes auraient été sauvées. L'interrogation est légitime après tout. Pourquoi n'avons-nous pas parlé plus tôt ? Cette question est un luxe. Elle est l'apanage de privilégiés. De chanceux qui n'ont aucune idée du silence intérieur et gangrénant que génère une agression comme celles qui avaient cours à Bétharram.

Le crime pédophile est un crime parfait. Les enfants ont de très nombreuses raisons de ne pas parler. Déjà, il y a le stress post-traumatique. Les black-out qui font disjoncter la mémoire. Beaucoup ne se souviennent pas ou pas de tout. Le corps n'oublie jamais, mais le cerveau est doué d'une grande capacité de négation. Sinon, il n'y survivrait pas. Il faut savoir s'entendre pour voir que quelque chose cloche, et se croire très fort soi-même pour oser parler. Voilà ce qui abîme le plus. Le doute que l'on instille dans la tête du garçon. Si je suis mal à l'aise, mais que l'adulte ne l'est pas, cela signifie-t-il que mon ressenti est faux ? Pour s'insurger, il faut être certain d'avoir raison. Ce n'est pas le cas chez les enfants. L'ambiguïté des gestes infiltre leur esprit et brise à jamais ce lien de confiance envers soi : après ça, vous n'arrivez plus à vous croire. Pour certains, à vie.

Parler nécessite, de surcroît, une condition *sine qua non* : il faut trouver une oreille prête à écouter. Ce qui est loin d'être chose aisée. Pour Anthony, ça a commencé les mercredis après-midi. Interne dès l'âge de huit ans, il est abordé par un élève âgé de quatorze ou quinze ans. Alors que c'est normalement le temps des activités extrascolaires, l'enfant est forcé à lui toucher la verge avec les mains et la bouche.

Malgré son fort caractère, Anthony devient aussi le souffre-douleur des grands de l'établissement, qui le frappent. C'est la reproduction du mal ; les grands font subir aux petits les mêmes attouchements, les mêmes maltraitances qu'ils ont eux-mêmes vécus à l'entrée au collège. Pour être tranquille, il faut faire comme ils disent. Alors il exécute ces gestes sur le corps dont il ne connaît rien et qu'il ne comprend pas. Un jour, un religieux (il ne se souvient plus de son prénom, ni de son nom, ni de rien d'autre que de ses cheveux blancs et ses lunettes) lui demande de monter dans sa chambre. Il ne faut surtout rien dire à personne. *Ça* arrive plusieurs fois. En remerciement de ses actions, il reçoit un pendentif de la Vierge. Anthony raconte tout à sa grand-mère maternelle. La vieille femme est très pieuse. Elle lui répond que c'est un menteur et qu'il devrait avoir honte. À huit ans, quand un adulte en qui vous avez confiance vous dit d'avoir honte, vous avez tendance à le croire. Malgré les bleus et les crises d'angoisse, personne ne posera de questions. Aujourd'hui à 35 ans, Anthony tente de forcer sa mémoire pour se souvenir, mais il ne sait plus. Il vit avec un trou béant dans sa vie. Quand un enfant parle et qu'il n'est pas écouté, ça arrive qu'il oublie à tout jamais. Mais que les traces restent indélébiles.

Jusqu'à l'été 2024, je complète chaque semaine mon tableau des victimes. Toujours plus de plaignants visent Carricart, Cheval et Martin, mais la liste des agresseurs s'allonge peu à peu. Dès février, je commence à m'interroger : en plus d'être protégés par l'incapacité des grands-mères et autres aïeux à voir l'évidence, les agresseurs se sont-ils organisés pour dissimuler leurs actes ? La réponse m'arrive en même temps que le Cerfa de Pascal V. Originaire d'Aire-sur-Adour dans les Landes, le petit Pascal est obligé d'être interne de la cinquième à la troisième, pendant les trois années qu'il passe à Bétharram.

« Durant ma deuxième année, à la suite de mauvais résultats scolaires, M. Saget Damien, surveillant général, m'a convoqué dans son bureau, raconte Pascal V. Après le "sermonage" d'usage, il m'a fait asseoir sur ses genoux. Ce fut, et je le compris plus tard, la première étape. La phase d'approche. »

Je m'arrête sur l'expression et l'écris sur mon bloc-notes Rhodia. *Phase d'approche.*

Je poursuis ma lecture.

« Quelques semaines plus tard, M. Saget est venu me chercher au milieu de la nuit au dortoir pour me conduire chez le directeur, le père Ségur, prétextant un entretien au sujet de mes résultats scolaires. Nous avons traversé l'établissement pour nous retrouver dans le bureau du directeur. Après la pseudo-discussion, le père Ségur m'a mis la main droite sur l'épaule, et la main gauche sur mon sexe en me disant : “Alors, ça pousse ?”, sous le regard amusé de Damien Saget. »

Je note : *présence de deux agresseurs. Complicité ?*

« J'ai reculé énergiquement afin de me sortir de ses bras, ce qui a permis que ça s'arrête là. Leurs regards avaient changé, je pouvais ressentir leur étonnement. M. Saget m'a raccompagné jusqu'à mon lit. Les nuits qui suivirent et jusqu'à la fin de mon internat furent sans réel répit, car la peur d'être encore convoqué au milieu de la nuit était tout le temps présente. J'épiais le moindre bruit ou déplacement. Je peux donc témoigner que je n'étais pas le seul à être convoqué la nuit. »

Pris d'une fulgurance, je me mets à chercher un autre témoignage que j'ai en tête. Celui de Sébastien. Je le relis en vitesse.

— Putain ! C'est pas vrai ! je m'exclame sans retenue.

Pendant quinze jours, Sébastien avait été réveillé par un élève surveillant. Inconditionnellement à six heures du matin, l'adolescent amenait l'enfant pour le petit déjeuner pédophile du père Carricart. J'hallucine. À deux époques distinctes, deux directeurs se font amener leurs victimes par d'autres élèves. Certes, c'est dur de dénoncer son agresseur quand on a douze ou treize ans. Mais là, l'impunité est telle que l'usage d'une tierce personne dans l'accomplissement de son acte ne laisse pas craindre la moindre dénonciation – à raison, d'ailleurs –, c'est carrément de la complicité ! J'ouvre un nouveau document sur mon ordinateur que j'intitule : « *Connivences passives et actives.* » Moi qui ai toujours été plutôt littéraire, je me lance dans les statistiques. Quels liens, même ténus, existent entre les bourreaux ? Qui a vu agresser qui ? Qui est agressé et par qui ? Jusque-là, je pensais qu'être agressé à Bétharram, c'était la faute à pas de chance. Les prêtres, contraints au célibat, venaient satisfaire leurs besoins primaires avec celui qui avait le malheur de se trouver sur leur route à l'instant donné. Mauvais endroit, mauvais moment. Je réalise que ce n'était pas si simple. Derrière l'apparence d'agressions d'opportunité, je commence à comprendre qu'elles obéissent à une logique, un choix réfléchi. Grâce à la masse de données que j'ai récoltées, je dessine une sorte de sociologie des violences bétharramites. Un tiers des enfants le sont par deux personnes, le plus souvent un laïc et un prêtre, les agressions sexuelles ayant régulièrement lieu par l'un devant l'autre, au moment des douches, par exemple. Le « duo » Carricart/Saget revient souvent. Ils n'agressent pas ensemble, mais, j'en suis persuadé, ils connaissent les agissements de l'autre. C'est ainsi, je me dis, que le sentiment d'impunité naît et, en l'absence de désaveu des autres adultes, se légitime.

Du côté des enfants, la logique est facile à comprendre. Se faire tripoter dans le couloir semble normal. Intégré à une sorte de rituel ou de folklore de l'école. Se faire tabasser dans un bureau, ça se sait, et personne ne dit rien. Même le sympathique Carricart dit que c'est de notre faute. À Notre-Dame de Bétharram, la violence est une construction. Le poing qui cogne, la gifle qui claque ne sont que les rouages apparents d'un système plus ample et diffus. Pour que près de trente acteurs d'agressions physiques ou sexuelles agissent pendant quatre décennies sans se faire remarquer, il faut qu'il existe une forme de cohésion, ou plutôt de cautionnement par les grands, pour faire grandir la peur, mais surtout le doute chez les petits. Bétharram avait installé un climat propice à la perpétuation de ces agressions à l'infini.

Mes remarques m'aident à affiner mes questions aux nouvelles victimes qui viennent à moi. Au printemps 2024, mes investigations me poussent à regarder le crime au prisme des inégalités sociales. À la manière d'un Pierre Bourdieu de l'enseignement privé catholique sous contrat, j'interroge systématiquement sur le milieu et la structure familiale d'origine. *Et comment ça se passait à la maison ? Les relations avec tes parents étaient-elles harmonieuses ?* Beaucoup des victimes de faits les plus graves sont élevées par une mère seule, ou par leur grand-mère. Je constate qu'on s'en prend davantage, ou plus sévèrement, aux mauvais élèves, cela s'expliquant sûrement par une corrélation (imaginaire ou avérée) entre les résultats scolaires et l'origine sociale des parents. Les notables du coin, ou ceux qui donnent régulièrement des chèques à la congrégation, on ne viole pas leurs gosses. Vous mordriez la main qui vous nourrit, vous ?

Bien sûr, je ne suis pas maître de conférences à l'université. Ce ne sont que des théories empiriques, que j'essaie d'éprouver à chaque nouvelle victime (plusieurs par jour, ces temps-ci). Je discute de mes observations avec l'ancien ami de Carricart, Nicolas, le fils des boulangers. Il me dit qu'il était proche de sa mère, c'est sûrement ce qui l'a sauvé. Un soir qu'ils regardaient un film tous les deux, le personnage joué par Gérard Jugnot aide une prostituée. Nicolas ne sait pas ce qu'est la prostitution, alors il demande. Il est enfant, mais il est encouragé par sa maman à pouvoir s'ouvrir de tout : il a tout à fait le droit de poser des questions, le rassure-t-elle, et elle va essayer de lui répondre. Le temps qu'ils passent à discuter et toutes ces réponses, même les plus maladroites, ce sont des trésors qui structurent la pensée de Nicolas et rendent le monde extérieur un peu plus intelligible. Il en est sûr, c'est ça qui l'a épargné à Bétharram. Lui qui est à son tour devenu pâtissier, mais en Irlande, s'agace des réactions qu'il lit dans la presse ou entend autour de lui. Les *Ah, les salauds* ou *Oh, le pauvre gamin*. Ça nous évite de réfléchir au fond du problème et de chercher une vraie solution. C'est bien joli de s'indigner, mais Nicolas voudrait du concret pour que les choses changent durablement. Et moi aussi.

Le 9 juillet 2024, six mois après l'envoi du premier corpus au parquet, le chiffre monte à 102 plaintes déposées. C'est considérable, et pourtant très loin de la réalité, tant mes tiroirs débordent de Cerfa. Mais je ne veux pas saturer le dossier. D'abord, parce que les victimes qui ont été entendues jusqu'ici ont salué la bienveillance avec laquelle elles avaient été reçues par l'officier de police judiciaire. Je veux que ce bon traitement se poursuive. Mais surtout, j'essaie de ne pas noyer le procureur sous le flot des témoignages, tous plus édifiants les uns que les autres. Chaque corpus est soigneusement constitué et accompagné de la fameuse lettre par laquelle j'attire son attention sur les éléments qui me paraissent pertinents, là où il me semble nécessaire de creuser. Bien que je ne sois ni magistrat ni enquêteur, je connais Bétharram et les plaintes des victimes sur le bout des doigts. J'ai beau n'avoir rien fait de mon diplôme de droit, ça reste tout de même mon dossier. Si je peux aider la justice à y voir plus clair, je crois aussi qu'elle peut m'aider à avancer mes pions de compréhension. Pour la quatrième salve que je transmets au début de l'été, c'est l'histoire de Pierre que je veux mettre en avant.

Un mercredi après-midi d'octobre 1996, Pierre est amené par un surveillant dans sa chambre située au premier étage, au-dessus du perron. L'homme, jeune, porte un jean, le bouc et roule à moto. Il l'attire en lui parlant de dessin. Là, Pierre ne sait plus. Il se passe quelque chose de sexuel, mais il est incapable de dire quoi. Avec un copain, il s'était déjà fait « embêter » par d'autres élèves de Bétharram à qui ils avaient dû faire des fellations, ça, il s'en souvient. Mais avec le surveillant, c'est le blanc. La nuit venue, lui et son copain décident que c'est trop. Ils prennent la fuite. Pendant sept heures, ils marchent jusqu'à Pau. Enfin, les deux copains se séparent. Chacun rentre à la maison. Pierre arrive chez lui au petit matin. Il est épuisé. Il se met au lit. C'est là que ça frappe à la porte : le pion en question, celui avec le bouc, était venu les chercher pour les ramener à Bétharram. Alors qu'il se plaint de douleurs anales aiguës quelques jours plus tard, Pierre consultera le médecin qui lui prescrira une simple crème, sans examen clinique supplémentaire. Au procureur, je joins la lettre que la mère de Pierre adresse au docteur dans laquelle elle l'interroge sur la provenance possible de cette affliction. Le Cerfa de Pierre se termine ainsi : « Ma vie est brisée et je n'ai plus de goût à la vie. » Quand il racontera à sa mère ce dont il se souvient vingt-huit ans plus tard, elle ne s'expliquera ni ne se pardonnera son incapacité à songer à la possibilité du viol ce jour-là.

Le très probable viol par pénétration anale, le déni du médecin, la perversité du surveillant. Il y a tout. Le cas de Pierre illustre bien Bétharram. Voilà pourquoi je le mets en avant pour le parquet. Il y a surtout une piste que je cherche à creuser… La possible reproduction de la violence. En bon sociologue amateur, je me mets à formuler des hypothèses de travail. Et je me demande comment ces gamins de douze ou treize ans qui en contraignent d'autres à leur faire des fellations dans une petite salle isolée ont bien pu en avoir l'idée. Je n'ai rien pour le prouver. La méthode Esquerre ne tient pas face à l'épreuve de la vérité académique. Peut-être l'analyse judiciaire pourra-t-elle m'aiguiller.

Au cours de l'été, je reçois un coup de fil.

— Bonjour, Monsieur Esquerre, je suis le procureur de la République de Pau.

Rodolphe Jarry a envie de faire ma connaissance. Mon travail étant juste à côté du palais de justice, je lui propose de le rejoindre. C'est la fin de ma journée. Je peux être là dans cinq minutes. Rendez-vous est pris. Il me reçoit dans son bureau. Le ton est informel. Je lui raconte que je suis déjà venu dans ce bureau, il y a deux ans. Il n'était pas encore arrivé à Pau. J'avais postulé au poste de directeur des greffes. Comme quoi, je devais déjà sentir que ma place était à la justice ! Les personnes qui m'avaient reçu m'avaient reproché mon manque d'expérience. Je n'avais jamais travaillé dans un tribunal, comment pouvais-je oser présenter ma candidature.

— Parce que j'ai de l'expérience en matière de pédocriminalité ? Ou de communication, peut-être ? C'est mon quotidien ! Une agence de com qui intervient auprès du Parquet pour les dossiers médiatisés m'a même contacté, figurez-vous !

L'anecdote semble l'amuser. Il trouve que je m'en sors très bien, effectivement.

— Vous avez une attitude très mesurée dans ce dossier, et factuelle.

Il doit avoir l'impression de déjà me connaître. Notre correspondance, bien qu'à sens unique, est déjà conséquente ! C'est bien que nous nous rencontrions. Je constate le sérieux avec lequel il prend soin de l'affaire. Je le vois concentré, prenant la mesure du moment historique que nous sommes en train de vivre.

— Dans dix ans, nous parlerons encore de ce dossier ! j'affirme.

Il est d'accord avec moi. C'est un dossier exceptionnel et cela mérite d'avancer prudemment. Il m'explique que les auditions de victimes ont commencé (je le sais déjà) et la raison pour laquelle les mis en cause dans les lettres-plaintes n'ont pas encore été entendus. À ce moment, le procureur m'assure que tous les agresseurs encore vivants devront s'expliquer ultérieurement, lors d'une garde à vue ou d'une audition libre devant un officier de police judiciaire. Je n'ai pas vraiment besoin de ces explications. Je lui fais confiance. La charge de la preuve est très compliquée dans les crimes pédophiles, d'où leur caractère sériel. Je l'ai appris en cours et le constate sur le terrain. Entre la mémoire partielle et le « parole contre parole » inhérent au viol, les agresseurs d'enfants sont souvent très protégés. Rien ne sert de se précipiter. Tout le monde veut éviter une nouvelle affaire Carricart.

14.

Frédéric (ou l'affaire Bayrou)

Frédéric est un fervent démocrate. Ce 11 février 2025, comme presque tous les mardis et mercredis, il s'installe confortablement dans son salon. Il allume la télévision sur la chaîne parlementaire pour regarder les questions au gouvernement. Depuis qu'il est retraité, Frédéric a le temps. L'élu du Val-d'Oise, Paul Vannier, se lève le premier. Les idées de Frédéric ne penchent pas du côté de La France insoumise, c'est vrai. Mais il aime la démocratie qui s'exprime. Quand ça crie et que ça remue.

La question du député porte sur Bétharram. En s'asseyant dans son fauteuil, Frédéric ne pouvait pas imaginer qu'il allait être propulsé sans préavis cinquante-quatre ans en arrière. D'une traite, les souvenirs affluent. Il a dix ans. Il est dans une petite chambre avec un bureau, une cheminée et au fond, un lit. Un prêtre militaire lui tend un paquet de barquettes à la fraise. À cet instant, le Frédéric de soixante-quatre ans et le Frédéric de dix sont la même personne. Ils ressentent la gourmandise. Ils veulent manger un gâteau. Le petit garçon prend une barquette et le prêtre aussi. « Vas-y, prends des gâteaux », le pousse le religieux. À deux, ils finissent toute la boîte. Frédéric voit tous les détails de la pièce : le drapeau français adossé à la cheminée ; les photos accrochées au mur, montrant le prêtre en uniforme, posant entre plusieurs jeunes Noirs ; l'appel du 18 juin de de Gaulle sous verre ; la grande fenêtre entrouverte. Il fait chaud, c'est le mois de mai. Le père demande à Frédéric à quand remonte sa dernière confession. « Deux jours », répond l'enfant. Le prêtre dit qu'il aurait dû manger moins de barquettes. Qu'il faut se confesser pour avoir l'âme propre. Frédéric est d'accord. Le prêtre lui demande s'il a déjà fait un certain type de confession, mais l'enfant ne connaît pas le mot qu'il emploie, alors il répond qu'il ne sait pas. Le prêtre lui explique qu'il s'agit de la confession la plus sincère, que tous les soldats la font avant d'aller à l'attaque et qu'il faut être nu comme le jour de sa naissance devant Dieu. À sa demande, Frédéric se met nu et s'agenouille près de son fauteuil. Il récite la formule. « Pardonnez-moi mon père parce que j'ai péché. » Il pense à sa gourmandise, c'est souvent pour elle qu'il demande pardon. Le religieux pose sa main sur la tête de Frédéric et lui dit de fermer les yeux jusqu'à la fin de la confession. Frédéric obéit et commence à se confesser. Il se penche en avant et lui dit que c'est bien, que Dieu l'aime. Il caresse son dos et Frédéric sent qu'il effleure ses fesses. L'homme lui demande s'il a des « pensées impures ». Il ne sait pas ce que c'est, il répond : « Je ne sais pas. » L'autre dit que ce sont des pensées qui concernent le corps ; qu'il ne peut pas dire le mot, mais qu'il va toucher cet endroit pour lui faire comprendre. La main du prêtre fait le tour de son bassin et saisit les parties génitales de Frédéric.

Le surgissement de la mémoire s'arrête là. Frédéric titube jusqu'à son bureau. Sa vie vient de voler en éclats.

Dans la télévision, ça hurle. « C'est un scandale ! Quelle honte ! », crie la députée de Loire-Atlantique, Ségolène Amiot, dans l'hémicycle. Moi aussi, je suis devant mon écran, ou plutôt devant celui des éditions Michel Lafon. Cet après-midi, j'ai rendez-vous dans leurs locaux, quartier de la Madeleine, à

Paris, pour évoquer l'écriture de ce livre. Prendre l'avion pour la capitale et me retrouver dans ce bureau d'une maison d'édition parisienne est incroyable. Je suis un homme simple. J'ai peur de n'avoir pas les codes. J'ignore comment on fait un livre. Il me faut pourtant apprendre à la vitesse de la lumière pour être à la hauteur. Car l'histoire se déroule ici et maintenant. C'est comme si j'avais toujours su qu'une mission m'attendait quelque part, et qu'aujourd'hui, dans cette maison d'édition, je tenais enfin son ordre entre mes mains fébriles.

Pour masquer mon stress et mon appréhension, je feins l'aplomb. Tout le monde doit me trouver très sûr de moi quand, à peine arrivé, je demande s'il sera possible d'allumer une télévision pour regarder les questions au gouvernement. C'est à 15 h 15, je ne peux pas les rater.

Le matin, le député Vannier m'avait appelé sur mon portable (mon numéro circule tellement que j'ai le sentiment qu'il s'agit d'un numéro vert dont on fait la publicité à la télévision) pour me prévenir qu'il interpellera le Premier ministre lors d'une question d'actualité. Il souhaite donc vérifier avec moi le bien-fondé de ses remarques afin d'être le plus percutant et pertinent possible. Durant quelques minutes, le parlementaire et moi nous entretenons à bâtons rompus sur la responsabilité de François Bayrou. Se peut-il qu'il ait été au courant des agissements qui avaient cours à Notre-Dame de Bétharram ? Bien sûr, ai-je répondu. Lui et d'autres. Tout le monde savait. Les notables du coin, les prolétaires, les politiques. Les adultes comme les enfants. Dans le Béarn, c'est le credo de tous les parents d'enfants turbulents. *Si tu continues, je te mets à Bétharram.*

Au micro, Paul Vannier donne une interprétation plus politique de notre échange. Son dessein est d'acculer le Premier ministre.

— Père d'élèves scolarisés dans l'établissement, époux d'une professeure de Bétharram, président du conseil départemental, vingt ans député de la circonscription, ancien ministre de l'Éducation nationale, saisi à de multiples reprises de ces violences, vous avez toujours affirmé n'avoir rien su, rien vu, rien entendu. La chronologie, reconstituée par *Mediapart*, *Le Monde* et la presse locale, vous contredit pourtant entièrement : en 1996, ministre de l'Éducation, vous vous rendez sur place pour soutenir l'établissement après le dépôt par des parents d'élèves d'une première plainte pour violences sur leur enfant ; en 1998, vous tentez d'obtenir, à des fins personnelles, des informations pourtant couvertes par le secret de l'instruction auprès du juge saisi du dossier d'un élève victime de viol. Ainsi, depuis le milieu des années 1990, vous saviez ! Et alors que vos fonctions successives vous permettaient de protéger ces enfants, vous avez choisi l'omerta pendant trente ans !

Après la parution de l'article de *Médiapart* qui accusait François Bayrou d'avoir protégé une institution perpétrant des violences, j'ai fait passer un message au Premier ministre par personne interposée (une connaissance de Pau qui, je le savais, avait son contact direct). Je l'ai assuré que ni moi ni notre collectif des anciens de Bétharram ne lui étions hostiles. Bien sûr qu'il avait eu vent des violences physiques, comme nous tous. Il pouvait compter sur moi pour ne pas l'accabler. Ce SMS était une main tendue pour que nous travaillions de concert. Une porte de sortie par le haut de ce bourbier médiatique. Au député, il pouvait répondre : « Je suis déjà en lien avec le collectif, que croyez-vous ? Je n'ai pas eu besoin des médias ou de LFI pour commencer à prendre en main le dossier. » Ce n'est pas l'option qu'il a choisie.

— Vous êtes aujourd'hui Premier ministre, poursuit Vannier. Comment expliquez-vous votre conduite aux Français ? Avez-vous depuis reçu d'autres alertes ? Voulez-vous l'impunité de cet établissement financé sur fonds publics ? Les anciens élèves de Notre-Dame de Bétharram, que vous avez jusqu'ici choisi d'ignorer, les millions de victimes d'abus sexuels et tous les parents d'élèves de France attendent votre réponse.

La présidente du palais Bourbon, Yaël Braun-Pivet, annonce que la parole est à Monsieur le Premier ministre. Chez Michel Lafon, toutes les personnes présentes dans le bureau retiennent leur souffle. Que va-t-il répondre ? C'est l'occasion rêvée de tendre la main aux victimes de Bétharram. Plein d'espoir, mon cœur bat à toute vitesse.

— Les accusateurs disent : « Il ne pouvait pas ignorer », entame Bayrou. J'affirme que je n'ai évidemment jamais, au grand jamais, été informé de quoi que ce soit en matière de violences, a fortiori de violences sexuelles, et j'ai deux preuves à l'appui de mon affirmation. La première, c'est que j'avais déjà quitté le ministère de l'Éducation nationale depuis des mois, c'est-à-dire en mai 1997, quand les premières plaintes ont été déposées en décembre 1997, puis en 1998.

— Vous étiez député ! hurle l'insoumis Alexis Corbière.

— Ce n'est pas une preuve ! renchérit Ségolène Amiot.

— L'autre preuve devrait faire consensus : croyez-vous que nous aurions scolarisé nos enfants dans un établissement dont il aurait été dit qu'il s'y passe des choses de cet ordre ?

Applaudissements sur les bancs des groupes Ensemble pour la République, Droite républicaine et Les Démocrates.

— Je peux vous assurer que tout est faux. Une plainte en diffamation sera évidemment déposée.

Dans le bureau des éditions Lafon, je demeure pantois. Autour de moi, personne ne s'en rend compte : je suis chamboulé. Il dit « tout est faux » et je pense « tout est vrai ». François Bayrou se croit encore dans les années 2000. Comme nos parents, il croit que tout cela peut encore être terré dans l'oubli. Quelle réponse lunaire ! Quelle attitude intenable ! Dans le taxi en route pour l'aéroport, mon téléphone crépite sans cesse. Tous les médias veulent connaître ma réaction. Je décide de ne répondre qu'à la presse locale et aux journalistes que je connais. Bien sûr qu'il savait pour les punitions et les coups arbitraires. Tout le monde savait. En revanche, j'ai l'intime conviction qu'il ignorait tout du système pédocriminel qui sévissait sur le bord du gave. Sur les réseaux sociaux, je lis que le Premier ministre cautionne – voire couvre – des pédophiles. Ça, je n'y crois pas une seconde et c'est ce qui compte le plus pour moi. À quoi bon faire le procès d'un seul homme quand c'est toute la société béarnaise qui est responsable ? Dans ce cas, allons-y franchement et abordons les torts de chacun d'entre nous !

Le tollé que suscite l'échange à l'Assemblée a le mérite de mettre la lumière sur Notre-Dame de Bétharram. Les journaux font tous leur une sur l'affaire. Certains s'interrogent : « L'affaire Bétharram est-elle une affaire Bayrou ? » C'est quand même dommage de vouloir désigner des coupables politiques alors que les mis en cause n'ont même pas encore été jugés pénalement. Au tribunal judiciaire de Pau, le parquet n'en est encore qu'au stade de l'enquête préliminaire. Toutes les victimes attendent l'ouverture d'une information judiciaire et la nomination d'un juge d'instruction, indépendant par nature, pour poursuivre les investigations. Un an après mon premier dépôt de plaintes, les mis en cause n'ont toujours pas été entendus.

15.

Conférence de presse

— Qu'est-ce que ça vous fait de revenir par ici ?

Encore cette question qui revient. Les reporters me le demandent chaque fois que je prends la pose devant leur objectif. J'y suis passé hier, et le jour d'avant, et le jour d'avant. J'y viens tous les jours depuis cinquante ans. Je n'ai pas peur de Bétharram. Je n'ai aucune envie de quitter Bétharram. Traitez-moi de fou, mais Notre-Dame de Bétharram est ma maison, je le dis et le redis. La presse semble étonnée de me voir toujours là, et quelque part je les comprends. Tant de victimes ont fui les lieux.

Les journalistes font un métier absolument nécessaire. Qui les rend parfois très insistants. Depuis le début de la révélation de l'affaire, et sa médiatisation, mon téléphone est en burn-out. Je reçois parfois trois, quatre, cinq messages du même reporter en une heure. J'essaie de passer la main en leur suggérant de contacter Jean-Rémy, Alexandre ou Pascal. Devant leur scepticisme, je minimise. Je ne suis que le collecteur d'histoires terribles, rien de plus. J'insiste. D'autres victimes ont vécu bien pire que moi. Mes quelques gifles ne font pas le poids face aux viols. Mais non, il paraît bien que les rédacteurs en chef du Tout-Paris ne veulent que moi. Je suis le lanceur d'alerte. C'est mon devoir de réagir à chaque évolution du dossier. Ils ne font que leur boulot. Sans eux, il n'y a pas d'affaire Bétharram.

Du côté des victimes aussi, je suis très sollicité. Moi qui, en créant le groupe Facebook, espérais libérer mon enfant intérieur, coincé sur les bords du gave depuis quarante ans, me retrouve à porter l'enfant des autres. En voilà une responsabilité pour un vieux garçon du Béarn comme moi !

Le samedi 15 février 2025, le poids qui pèse sur mes épaules s'alourdit soudain. J'ai rendez-vous avec François Bayrou. C'est lui qui m'a téléphoné pour me proposer la rencontre. Enfin, disons qu'il m'a contacté pour me donner une date, une heure et un lieu (l'hôtel Matignon) et que j'ai bousculé son agenda en une seconde : ma mère est à l'hôpital, je ne peux pas quitter Pau, donc ce sera le samedi 15, à tel endroit et à telle heure. Ah, et il y aura des victimes. Je préfère le prévenir. La position de lanceur d'alerte a beau être parfois éreintante, elle a au moins contribué à me rendre intraitable. Cette organisation à toute épreuve me permet de trouver le temps pour nouer une relation, parfois très forte, avec chacune des victimes, m'occuper de ma mère bien-aimée et assurer un emploi à temps plein.

La nuit précédant cette rencontre, je ne dors pas. J'écris. Ma préoccupation ne concerne pas l'entretien avec François Bayrou lui-même. Qu'il soit Premier ministre ou pas, je m'en moque. C'est plutôt la conférence de presse que je prévois de donner après qui occupe toutes mes pensées. Les caméras de la France entière seront braquées sur moi. Si j'ai bien un moment pour faire bouger les lignes, c'est celui-là. La pression est monumentale. Je veux à la fois représenter les victimes et m'incarner moi, le vrai Alain Esquerre, inébranlable, mais bienveillant, résistant et authentique. Quand j'arrive à l'hôtel de ville de Pau, où le rendez-vous a été fixé, toute la presse est là, évidemment. Je réponds à quelques interviews et j'aperçois Jean-Rémy qui papote avec sa compagne et un journaliste de l'AFP. Derrière nous, il y a deux ou trois pancartes « Bayrou démission ». Personnellement, je ne suis pas là pour polémiquer.

Je rentre dans la mairie avec les victimes qui m'accompagnent. J'avais promis que nous serions huit, mais j'avais mal compté. Allons-y pour neuf ! François Bayrou a déjà compris qu'il n'aurait pas la main sur l'organisation de cette réunion. D'autant qu'un tiers des victimes présentes m'ont prévenu : nous ne voulons pas apparaître sur les photos avec lui. Ils sont clairement hostiles au ministre et je l'en ai prévenu. François Bayrou nous rejoint dans une salle. Il a l'air décontracté. Nous le sommes aussi. Pendant 3 h 30, l'arène n'est plus politique. Le temps se suspend. Il demande à entendre chacune des personnes présentes. Il ne connaît pas leurs histoires. Le cauchemar de Bétharram prend vie dans les murs de l'hôtel de ville. Peut-être un peu tard, mais véritablement, au moins.

Voyant le temps filer, j'interroge : ne nous faut-il pas accélérer un peu ? François Bayrou me regarde.

— Nous avons tout notre temps.

Il a compris l'enjeu. C'est un animal politique et je ne suis qu'un travailleur social, mais j'ai la nette impression qu'il est sincère. Sans cela, il aurait pris cette porte de sortie et aurait abrégé. À la fin de la réunion, je prends la parole. J'ai préparé trois pages de notes, mais je n'ai pas à les sortir. Je le sens à l'écoute et cela me rassure. Je me fiche du « scandale Bayrou ». S'en tenir à cela, c'est oublier que soit on gagne ensemble, soit on perd ensemble. Il n'a pas voulu voir ? Ou il a vu et n'a rien dit ? Quelle importance ! Nos parents aussi nous ont laissés pourrir dans ce collège des années durant, sans vouloir voir les marques évidentes de notre malheur. Et puis l'archive INA où le petit Marc Lacoste-Séris révèle les surveillants brutaux et quémande un peu de clémence[1], la France entière l'a vue au journal télévisé et personne n'a rien dit. Maintenant c'est fait. Il est impossible de juger en 2025 ce qui aurait dû être fait à l'époque. Nous abordons l'idée d'un statut national de victimes qui permette une indemnisation et une prise en charge des frais de thérapie ou d'autres accompagnements. À tâtons, nous essayons de reconstruire sur une ruine.

À la sortie, je propose au Premier ministre de se joindre à moi. Ce n'est pas ce qui était prévu dans le protocole, il devait repartir immédiatement après la rencontre. Mais, puisque nous semblons vouloir avancer ensemble, il accepte. Avant de démarrer, je bénis la liberté dont nous disposons en France : je n'ai fait relire ce discours à personne et tout le monde va l'entendre. Je me sens très privilégié d'avoir une telle tribune.

1. https://www.ina.fr/ina-eclaire-actu/video/bxc9604111301/plainte-pour-violences-contre-un-college-a-lestelle-betharram

— Il y a un peu plus d'un an, par la création d'un simple groupe Facebook dédié aux victimes de Bétharram, j'ai pu mettre en lumière un des plus grands scandales de violences et d'actes pédocriminels de l'histoire de notre pays. Le scandale de Bétharram, je le rappelle, ce sont des agressions physiques, des sévices de toute nature, des humiliations, des attouchements et des viols sur des enfants âgés de 8 à 13 ans perpétrés par 26 adultes, des prêtres, mais également des directeurs et des surveillants laïcs. C'est aussi des élèves qui se sont livrés à des agressions sexuelles très graves, parfois en bande organisée. J'invite tous ceux qui n'ont pas encore saisi la justice à se manifester car un nombre colossal de victimes reste encore tapi dans l'ombre. De même, les services de l'État, et notamment ceux de l'Éducation nationale, ont dysfonctionné alors que des alertes graves et explicites avaient été déclenchées par les enfants victimes. Le corps enseignant, témoin des violences quotidiennes, n'a pas réagi, à quelques exceptions près, et a laissé faire ces comportements délictueux pendant plusieurs décennies.

J'accuse pour marquer les esprits, pour pouvoir reconstruire sur un terreau sain, dénué de tous faux-semblants.

— La Congrégation des Pères de Bétharram porte, par son inaction et par un réflexe de protection, une responsabilité immense dans cette affaire. Certains de ces prêtres ont trahi la mission qui leur avait été confiée par nos parents de participer à notre développement personnel et à notre éducation. Non seulement ils ne nous ont rien appris, mais ils se sont livrés sur nos corps d'enfants innocents à toutes les dépravations et à toutes les bassesses de la nature humaine. Je pense en ce moment à tous ces coups, à ces 21 gifles données à un élève de 15 ans, juste pour avoir sorti un livre non autorisé par un surveillant qui aujourd'hui est tranquillement adjoint au maire d'une petite commune béarnaise ; à ces humiliations répétées du perron où nous attendions, terreur au ventre et nez contre le mur, le tabassage en règle à venir ; à ces camarades qui se retenaient d'aller aux toilettes et préféraient uriner dans leur lit plutôt que de solliciter le surveillant pour s'y rendre ; à ces mises à l'air dans le bureau du surveillant général qui jouissait de la scène ; et enfin, à toutes ces agressions sexuelles, et notamment celle du petit Anthony, 9 ans, violé par un prêtre, ou celle de Jean-Charles, masturbé à 12 ans par deux prêtres directeurs… J'ai entendu pendant des centaines d'heures le récit de mes camarades qui ont survécu tant bien que mal à ces épreuves qu'il fallait endurer.

Je tremble et je suis sur le point de m'effondrer dans l'écho de cathédrale qui m'enveloppe dans le hall de la mairie. Mes jambes flageolent tellement que je crains qu'elles ne lâchent. Mais elles tiennent. Elles tiennent sans faillir comme je tiens moi-même depuis un an et demi – ou depuis toujours, je ne sais plus.

— Monsieur le Premier Ministre, entendez comment ça fait mal à chacun de nous de nous retrouver ici pour dénoncer l'omerta, le non-dit, l'hypocrisie d'un système qui nous a broyés. Entendez dans ces lieux la souffrance de tous ces enfants, ceux de Bétharram, mais aussi des cinq millions de Français qui ont connu les ténèbres et qui vous obligent à agir. Entendez ces cris indélébiles qui resteront à jamais gravés au fond de nos tripes. La violence envers les enfants n'a pas de visage, mais elle doit être combattue partout, dans tous les foyers de France. C'est notre responsabilité collective de nous saisir de ce scandale de Bétharram comme d'une opportunité pour changer notre façon d'agir auprès de toutes les victimes de violence.

À la fin de la journée, je rentre exténué me reposer à la maison. Un brin obsessionnel, je jette tout de même un regard au groupe Facebook qui continue à drainer beaucoup de témoignages et de réactions à l'actualité. Je constate qu'une nouvelle demande vient de m'être formulée pour rejoindre les « Anciens de Bétharram ». Je n'en crois pas mes yeux. Loïc. Le seul que je m'étais promis de refuser. L'enfant qui m'a pourri la vie au collège – même si les adultes s'y étaient déjà bien attelés.

Je le revois, le petit blondinet, beau comme tout, bon en tout (même en sport), jovial et très entouré (aujourd'hui, on dirait populaire, l'inverse de moi donc !), qui donnait des coups, toujours à se moquer des autres, lui qui vivait dans le luxe du groupe de prière – quelques privilégiés triés sur le volet habitant dans un bâtiment à part. Il est là. Loïc est là. Et sa requête pour entrer dans le groupe attend mon aval. Je prends une grande inspiration, histoire de faire sortir un maximum de ma rancœur par les narines. Et je clique sur « Accepter ».

16.

Loïc ou la reproduction de la violence

La première fois que Loïc a fugué de chez lui, il avait sept ans. Le petit garçon a enfourché sa bicyclette orange et longé la Garonne jusqu'à la nuit. Ce qu'il aime surtout dans ces escapades, c'est quand il rentre et qu'il voit les pompiers ou les gendarmes dans le jardin. C'est bon de voir qu'on s'inquiète pour lui. Ça veut dire qu'au fond, elle l'aime quand même. Elle. Sa mère. Sa mère qui le croit fou sans qu'il comprenne pourquoi, qui dit en catimini à son père qu'il faut l'interner, ce gosse. Un jour, ils l'emmènent jusqu'à l'hôpital des enfants de Bordeaux. Les médecins vont lui trouver une pathologie psychiatrique, c'est certain. Mais non.

« Loïc va bien, Madame. » Pendant que le docteur parle à ses parents, Loïc, penaud, les attend avec son petit frère Joël dans la Ford Escort beige. Quand les portières avant s'ouvrent, il dit avec aplomb : « Je veux plus vivre avec vous, je veux aller à Bétharram. »

En réalité, il ne *veut* pas aller à Bétharram. Il ne voit plus que cette issue pour les faire réagir. Au début des années 1980, ce collège sinistre a – déjà – la réputation de maltraiter ses pensionnaires, c'est une sorte d'échappatoire, de fugue, comme quand il était petit. En secret, il se dit que si c'est si terrible que ça, ses parents viendront le chercher. Et alors, ils montreront leur amour. Il est loin d'imaginer que pour son petit frère Joël, qui n'a pas encore dix ans, il sera dur de rester tout seul à la maison avec un père absent et une mère instable et mal-aimante. Loïc vit dans une telle détresse affective qu'il n'est pas en mesure de penser pour deux. Il ne peut pas penser au vide qu'il va laisser pour son cadet, il continue d'insister pour partir à Bétharram. De guerre lasse, à la fin de sa sixième, en 1983, le père de Loïc l'emmène avec lui à Bétharram, direction le bureau du directeur, le père Ségur.

Une fois devant lui, le paternel, qui a une petite notoriété dans les affaires de la région, se met à dérouler son curriculum vitae pour se présenter. Il ne le sait pas, mais c'est loin d'être idiot dans un établissement où les agressions touchent moins les notables que les prolétaires.

Pour Loïc, c'est comme ça que tout a commencé. Il découvre les dortoirs lugubres et les petits déjeuners où rien n'est fourni, excepté le lait glacé. Le matin, chacun peut apporter sa confiture et tout ce qu'il aime manger. On range l'ensemble dans une caisse personnelle – les enfants appellent ça « cantiner », comme en prison – dans la réserve, là où des rats passent leurs journées. Les enfants ne mangent pas bien, et pas assez. Les douches se prennent à l'eau froide, tiède quand on a vraiment de la chance, une fois par semaine. Il n'y a pas plus d'affection ici qu'à la maison. Mais au moins, il échappe aux torgnoles de Cheval. Il voit bien les violences que subissent les autres, mais avec lui, c'est différent. Le surveillant lui porte une attention toute particulière. Comme s'il le protégeait. Loïc, dont le père à l'affection inexistante est absent quatre jours par semaine de la maison, ne sait pas pourquoi, mais ça lui fait du bien de sentir qu'un adulte lui porte de l'attention et veille sur lui.

À la fin de la cinquième, le frère Martineau lui propose de rejoindre le groupe de prière. Il se compose d'un adulte et huit enfants qui vivent dans une petite maison à l'écart des dortoirs. Quand il y fait son entrée, il se dit que sa bonne étoile a fait des miracles. La demeure est chauffée, il y a de la confiture dans le frigo. Le soir, les quelques garçons s'attablent près du frère Martineau, lisent un extrait de l'Évangile et le commentent. Puis chacun peut aller prendre sa douche. Une douche chaude et quotidienne. Le charme opère toute l'année de quatrième. Jusqu'au printemps.

Depuis tout petit, Loïc est allergique au pollen. Ça lui brûle les yeux, la gorge, et l'enrhume pour des semaines, jusqu'à lui provoquer des crises d'asthme, c'est horrible ! Une nuit, alors qu'il se trouve dans cet état, léthargique, la respiration sifflante, il entend le religieux entrer dans la chambre et s'approcher de lui. Ils sont trois, mais Loïc est le plus près de la porte. C'est peut-être pour ça que le père le choisit. Il vient et se met à le masturber. Encore et encore. Comme pour aider Loïc à mieux respirer, il lui souffle : « Calme-toi, calme-toi », comme un père rassurant, mais avec la main sur son sexe. Il est si proche que Loïc sent l'odeur de la Royale Menthol qu'il a l'habitude de fumer. Il ne comprend pas ce qu'il se passe. Jusqu'à s'endormir. Après il ne sait plus. Ça recommence plusieurs fois. Et puis le printemps s'en va, les crises d'asthme aussi, et Martineau cesse de venir. Jusqu'à l'année suivante. À la rentrée de septembre, Loïc a peur, mais personne ne rentre plus dans la chambre. Puis vient la saison des bourgeons, le rhume des foins, et frère Martineau avec. Loïc n'a jamais compris la logique.

Puis, le groupe de prière s'arrête, et puis c'est le lycée. À la fin de la seconde, Cheval lui propose d'être surveillant. Loïc y voit une porte de sortie des dortoirs collectifs. Au moins là, il a son petit box pour dormir tout seul, et il échappe à Bourrouilh[1], le pion déséquilibré (aujourd'hui connu pour les vingt et une gifles infligées à un élève de 15 ans, l'étranglement d'un enfant de 14 ans jusqu'à l'évanouissement et l'utilisation récurrente d'une règle en bois ou en fer, peu importe, du moment qu'elle fait saigner les doigts). Le truc, c'est que pour garder sa place, il faut que ça file droit dans sa chambre de l'internat. Alors, Loïc met des claques aux petits dont il est responsable. Il fait comme on lui a dit de faire. Comme on lui a montré, aussi.

Il finit par quitter Bétharram et devenir adulte. Après des agressions multiples durant l'enfance, il y a ceux qui développent des problèmes avec l'alcool ou les stupéfiants, des déviances. Son truc à Loïc, c'est le fric. Pas qu'il soit vénal. Non. Loïc, il s'en

1. Nous rappelons qu'à ce stade la personne est présumée innocente.

fout de l'argent. Mais il est obsédé par la peur viscérale d'en manquer et la nécessité impérieuse de ne compter que sur lui-même, quoi qu'il arrive. C'est ce que lui ont transmis ses parents : on affronte la vie tout seul. Regardez bien autour de vous. Derrière la réussite professionnelle et financière, il y a souvent un petit gamin qui souffre. Pendant près de vingt ans, il traîne la réputation d'être un « ours », c'est ce que disent ses collègues de travail, taiseux, très secret, indisponible pour sa famille (ça lui a valu un divorce) et qui n'a pas vraiment d'amis. La façade bien lisse, sans trace, avec une piscine et une belle bagnole. Une négation de soi-même. *Made in l'enfance, made in Bétharram.*

— Tu es le premier à qui je raconte ça, conclut Loïc au téléphone.

Cela fait une heure que nous sommes au téléphone. C'est dur de me couper la chique. Or, après le récit de mon ennemi juré, je suis soufflé. J'ai passé trois ans à envier et à détester un camarade qui, dans les faits, vivait dans un abandon total, victime d'agressions, lui aussi. Le terreau du manque d'amour parental est une porte ouverte sur l'enfer.

— Moi, je vais te dire comment tu m'as fait souffrir, je lui balance.

Ce commentaire m'a échappé. C'est l'enfant blessé qui parle à travers moi. À l'autre bout du fil, j'entends son enfant intérieur à lui qui se met à pleurer. À bientôt 54 ans, nous sommes les mêmes mômes blessés. La journée a été longue, mais Loïc et moi discutons tard ce soir-là. Je revois toutes les années passées à en vouloir à ce petit garçon. Comment ai-je pu me tromper à ce point sur lui ? Comment n'ai-je pas pu ne serait-ce qu'imaginer que lui aussi ait pu être victime de Bétharram ? J'ai honte de mon manque de bienveillance ! Je le lui dis. J'ai cru distinguer le bien du mal et je me suis retrouvé pris à mon propre piège.

— Tes actes sont le fruit de l'ignominie de Bétharram, j'affirme. Comment ils ont utilisé certains enfants pour reproduire leurs actes pervers.

À ce moment-là, j'ignore encore à quel point je suis terriblement dans le vrai.

Le groupe Facebook des victimes de l'établissement accueille avec beaucoup de méfiance, voire rejet, sa nouvelle recrue. Je ne suis pas le seul qui ait eu à subir de la part de Loïc ce qu'à l'époque on n'appelait pas encore du harcèlement. Je lis des : « C'est un traître ! », « Moi, il m'a cassé trois dents », ou : « Pourquoi il passe par le collectif ? Il essaie de se dédouaner ! » Ces commentaires me brisent le cœur, parce qu'ils témoignent de la capacité de nos agresseurs à nous avoir montés les uns contre les autres. Nous avoir privés de notre capacité d'empathie ou d'identification à l'autre. Le processus de manipulation et de division amorcé il y a quarante ans est toujours en vigueur et régit encore nos relations !

Après Bétharram, Joël et Loïc ne se sont pas parlé pendant des années. Le petit frère a vécu le départ du grand comme un abandon. Il leur a fallu attendre de se retrouver devant le cercueil de leur père pour se réconcilier. Maintenant, les deux frères passent du temps à s'appeler. Ils sont à des âges où ils veulent comprendre pourquoi ils sont comme ils sont. Ils s'interrogent. Un jour, Joël lui rappelle cette phrase que répétait leur mère comme un mantra. Elle disait : « La haine, ça fait tenir debout. »

Avant de raccrocher, Loïc et moi nous promettons de faire plutôt l'inverse, et de devenir amis.

17.

Faire parler les muets

Dans l'écran de ma télévision, un homme petit et rond apparaît bien embêté par les questions de la journaliste qui lui tend son micro rouge et blanc.

— Il y a plusieurs témoignages qui vous accusent d'avoir été très violent, expose Juliette Pelerin, de la rédaction de *Quotidien*. Je vous les cite. « Je l'ai vu défenestrer un gamin » ; « Moi je l'ai vu soulever un enfant par les oreilles et lui taper la tête sur le mur dans son bureau » ; « Il me giflait quasi quotidiennement » ; « Il avait la main lourde, on le redoutait tous. »

Nous sommes dans les bureaux municipaux de Jarret, dans les Hautes-Pyrénées. Ici, le maire s'appelle Ange Mur[1]. C'est lui qui tente maladroitement de se justifier devant la caméra. Avant d'être nommé diacre du diocèse de Tarbes et Lourdes et élu municipal, il avait été surveillant à Bétharram entre 1993 et le début des années 2000. Son nom apparaît dans plusieurs Cerfa pour des violences physiques. L'ironie de son prénom fait poindre sur mon visage un sourire jaune.

— Oui, j'avais la main lourde ! Quand je frappais, je frappais. En début d'année, il fallait en distribuer quelques-unes, puis après c'était tout, je n'avais pas besoin d'en redistribuer.

— C'est l'ancienne époque ?

— C'est l'ancienne époque… C'est une époque où il y avait ça.

Pour ses victimes, cela doit être un supplice de voir son agresseur s'exprimer librement à la télévision et constater qu'il ne manifeste pas franchement de remords. C'était l'époque ! Nous l'entendons souvent, mais ce n'est pas suffisant. La reporter l'interroge ensuite sur les accusations de viols et d'agressions sexuelles qui visent le père Carricart.

1. Nous rappelons qu'à ce stade la personne est présumée innocente.

— Le père Carricart était quelqu'un de très sensible aux gosses, répond l'élu sans que je n'y perçoive la moindre compassion. Dès que les gosses toussaient un petit peu, il leur distribuait des petits cachous. Moi, je ne l'ai pas vu avec cette déviance sexuelle. Il était maniéré, certes. Ce n'était pas le premier curé maniéré ! Et ce ne sont pas les premiers gosses maniérés que je vois non plus et, comme par hasard, ce sont ces gosses maniérés qui subissent ce genre de violence.

— Ça veut dire quoi « maniéré » ? questionne la journaliste.

— Bah écoutez… qui sont… qui se posent des questions sur leur sexualité. Ces gosses-là, tu les perçois tout de suite.

Mur mélange tout. La sexualité avec le viol. La sensibilité avec la prédation. Ces sollicitations médiatiques sont souvent l'occasion de révéler le vrai visage de certains imbéciles, avec ou sans soutane. Friands de séquences truculentes, les téléspectateurs de l'émission n'ont pas été déçus. De mon côté, les bras m'en tombent. Seul chez moi, je rumine. Qu'ils soient coupables d'agressions ou de négligence, les catholiques du royaume de Bétharram ont-ils pris conscience de la gravité de leurs actes ? Maintenant que nous sommes écoutés et que les Français sont tout ouïe, nous avons besoin d'entendre ceux qui nous ont fait souffrir. Jusqu'à présent, terrés au cimetière ou dans leur presbytère, ils restent silencieux tant qu'on ne les sollicite pas. En cela, les journalistes vont être des alliés de taille.

Quand un an auparavant je tentais d'alerter par tous les moyens des violences que nous, les élèves de Bétharram, avions vécues, je n'anticipais pas la vague médiatique qui allait déferler sur mon existence. Au début, les journalistes sont impressionnants et leurs demandes… déconcertantes. *Auriez-vous une victime de Sarlat ? Une autre du Périgord ? Vous n'avez pas de Lorraine, mince… Appelez-moi quand ce sera le cas.* Les uns veulent une victime jeune, les autres une vieille. D'autres raconter un viol par fellation. Ou une agression sexuelle. Et vous, que désirez-vous ? Deux tomates, trois carottes… J'ai l'impression d'être un maraîcher au marché ! On me demande de distribuer des histoires comme d'autres des légumes. Cela me prend du temps de saisir la logique de chacun des médias, leurs choix éditoriaux, leurs « angles ». Peu à peu, je fais la rencontre de trois, vingt, cinquante journalistes ! Chacun a une manière très personnelle de traiter ses sujets. Certains semblent mus par le sort des enfants, d'autres sont investis par l'impérieuse nécessité de raconter la vérité. Je découvre une corporation passionnée constituée d'individus souvent gentils et simples, qui courent pour rendre leurs papiers à l'heure, inconditionnellement animés par la curiosité de raconter le monde. Ainsi, au bout de quelques mois, je commence à comprendre le bien-fondé de leurs demandes. Surtout, je prends conscience qu'ils peuvent m'aider dans mon labeur : obtenir, comme l'a fait *Quotidien* avec Ange Mur, des réponses, même absconses ou révoltantes, aux questions qui restent en suspens. Qui savait ? Les agresseurs sexuels se repéraient-ils entre eux ? Choisissaient-ils leurs victimes selon des critères de sociologie ? J'ai encore tant d'inconnues sur le fonctionnement de Bétharram. Et puis, au-delà, ces mêmes personnes ont-elles commis des faits similaires dans d'autres établissements ? Que pensent-ils de tout ça ? Se repentissent-ils dans leurs prières ou, au moins, dans leur cœur ?

Frapper à la porte des mis en cause, ce n'est pas mon rôle. Alors je glisse parfois quelques informations à la presse. À des journalistes, j'évoque l'ex-surveillant Daniel Bourrouilh, adjoint au maire de Lucq-de-Béarn, accusé par de nombreux anciens de violentes roustes. Je parle aussi du professeur

Marc Dufau[1], maire de Boeil-Bezing et qui dit toujours que ça va passer, « [qu']il faut oublier ».

J'enquête à ma manière et les journalistes le font à la leur. Un jour, l'un d'eux fait une découverte sur Cheval. Il m'appelle :

— J'ai tout, Alain ! Son adresse, le nom de son épouse, le prénom de ses enfants.

Je note précautionneusement les informations qu'il partage avec moi. Saget vit en Bretagne. Il ne faudrait pas que cette adresse tombe entre les mains de victimes malheureuses et vengeresses. En revanche, des journalistes qui ont promis de travailler sans haine, dans le respect du contradictoire, pourquoi pas ? Que ce soit pour Ange Mur ou pour Cheval, l'objectif est toujours de surprendre les personnes. Qu'elles communiquent sans filtre afin qu'enfin le monde les voie sous leurs vrais visages. Qu'elles se retrouvent face à leurs responsabilités. *Oui, vous avez touché aux enfants de la République. Alors, aujourd'hui, la société tout entière, et c'est bien normal, vous demande des comptes.*

Je suis un semeur. Je sème et ne sais pas immédiatement si les graines vont prendre. J'aide ceux qui cherchent pour qu'ils m'aident à chercher encore et

1. Nous rappelons qu'à ce stade la personne est présumée innocente.

plus loin. Ce qui me manque donc aujourd'hui, ce sont les agresseurs. Qu'ils donnent des éléments. Des indications. Sur les écrans des télévisions nationales, je veux qu'on montre leur vrai visage. En société, ils font la leçon à tout le monde. Ils apparaissent comme respectables, occupent des fonctions publiques. C'est indécent de mensonges. Je veux un Cheval qui perd son sang-froid, comme il l'a tant fait avec nous, que le barrage de rage et de haine cède. Il nous doit bien ça, le droit de le montrer du doigt en disant à nos proches qui n'y étaient pas : *Tu vois, c'est ça Bétharram*. Je sème donc du Cheval, mais la plantation ne prend pas. Ou pas comme je l'avais imaginé. Quelques jours plus tard, je reçois un e-mail.

Bonjour,

Je suivais comme beaucoup l'actualité autour de votre combat à vous, victimes, pour que ce que vous avez subi soit reconnu, pour que les coupables soient punis.

Puis hier, je découvre l'identité de Cheval. Il se trouve que c'est l'oncle par alliance de ma femme, une personne avec qui j'ai passé plusieurs fêtes de famille et que je croise depuis mon mariage, il y a 17 ans.

Sachez que les membres de la famille de ma femme (père, mère, frères et sœurs) sont avec vous, soutiens de votre cause. L'horreur est encore plus forte puisqu'une de mes belles-sœurs a elle-même été violée durant son collège par d'autres enfants. Traumatisme enfoui et inconnu qui est ressorti il y a quelques années. Et ce Damien Saget avait alors simulé la compassion (c'est ce que je crois maintenant). Le dégoût et l'horreur aujourd'hui sont immenses.

Nous vous soutenons et souhaitons que tous les coupables soient punis. Nous rompons tout lien avec Damien Saget.

Bon courage à vous dans votre lutte.

Immédiatement, je diffuse le message sur le groupe WhatsApp des victimes. Et je lui réponds. Je dis que Saget est le pire monstre que je connaisse :

« Je n'ose vous montrer le nombre de témoignages et de viols, les vies brisées par ce type d'une perversité sans nom, imposant des fellations à des enfants de 10 ans, faisant des piqûres à l'eau, imposant la nudité totale dans son bureau après des coups à répétition et en prenant les enfants sur les genoux pour les attoucher longuement. Il m'a battu personnellement, mais ce n'est

rien du tout par rapport aux camarades sodomisés. J'ai souvent pleuré en lisant les témoignages... La prescription le sauve pour le moment, mais l'appel national que j'ai lancé portera, j'espère, ses fruits. »

À l'écriture de ces lignes, je réalise à quel point ma démarche en ce début d'année 2025 est désespérée. Depuis un an et demi déjà, je lutte pour le salut des enfants abîmés de Bétharram. Je remue ciel et terre, sacrifie mon temps et mon énergie. J'entends les uns et les autres me raconter les conséquences délétères qu'ont eues ces violences sur leur vie. Pourtant, en février 2025, aucun de nos tortionnaires n'a encore été auditionné. Je prie pour que les journalistes fassent un travail que j'attends en réalité secrètement de la part de la justice.

Le 21 février 2025, alors que je suis au bureau, j'apprends qu'une information judiciaire vient enfin d'être ouverte. Patrick Martin, Damien Saget et le père Henri Lamasse viennent d'être placés en garde à vue. Apprendre l'ouverture d'une enquête préliminaire m'avait mis dans tous mes états. Cette fois, ma réaction est contenue – cette histoire a dû me faire grandir. Je pousse un soupir de soulagement. Ce soir, les autorités policières ont devant eux trois des pires agresseurs de l'histoire de Bétharram.

18.

Comment faire mieux ?

Dire que je ne compte que sur la presse et la justice pour aller de l'avant serait un mensonge. Au vu du caractère systémique des violences, il m'est apparu nécessaire très tôt d'impliquer les responsables de la communauté. Nous ne réglerons pas le cas Bétharram sans les autorités de Bétharram elles-mêmes. Cela n'aurait aucun sens, en plus de ne pas être efficace. Dès juin 2024, j'ai écrit au vicaire. Dans l'Église catholique, c'est celui qui assume la responsabilité des prêtres dont il a la charge. À croire que la temporalité religieuse est distincte de celle des profanes, je vais mettre des mois à obtenir une réponse.

Le 30 novembre 2024, je parviens finalement à organiser une réunion entre l'institution et nous. Sont présents le vicaire Jean-Marie Ruspil et l'ancien vicaire, le père Laurent Bacho. Dans la hiérarchie, il se trouve juste en dessous de l'évêque. C'est un rôle important. Mon message à destination de ces quatre oreilles est clair : je ne pourrai pas avancer avec eux au nom de toutes les victimes tant qu'ils n'auront pas décidé de reconnaître l'ensemble des souffrances et des agressions, y compris celles commises par des laïcs.

Pour m'accompagner dans cette nouvelle bataille, deux personnes représentant l'Institut Louis Joinet, une ONG œuvrant pour la justice basée à Bayonne qui m'a proposé de m'accompagner. Surtout, j'ai également Pascal auprès de moi. Lui, gentil comme il est et dans un élan de réconciliation, prendrait presque les religieux dans ses bras ! Mais il voit bien que je ne vais pas rentrer là-dedans. Au contraire de Pascal, je suis sec. Terriblement prêt à l'attaque. Je suis dans un match dans lequel se joue l'avenir de centaines de personnes.

— Tant que vous ne plaidez pas coupable en disant : « Nous sommes des adultes, a fortiori des prêtres, nous avons trahi la mission qui était la nôtre et donc nous reconnaissons notre responsabilité », nous ne pourrons pas avancer. C'est la condition pour rentrer véritablement dans le processus de reconstruction et de réparation des victimes.

Avec eux, je voudrais entreprendre un travail de recherche d'archives, organiser une visite de l'établissement pour les victimes qui en ont besoin, mener une réflexion sur la formation des prêtres. J'ai de nombreuses idées. Alors, je pose le cadre dès le début du rendez-vous. Eux me perçoivent comme un ennemi de Bétharram, du fait de mes actions. Je leur rappelle tout ce que j'ai mis en œuvre. Mes amis prêtres ; ma proposition de désherber le cimetière des pères. Je leur tends la main. Je suis là pour construire, qu'ils n'aillent pas me faire passer pour ce que je ne suis pas.

Le père Ruspil me regarde. Il tord la bouche l'air de dire que mes ambitions sont démesurées pour eux.

— Je comprends, Monsieur Esquerre, mais nous avons immensément honte. Moi d'autant plus que mon propre frère, prêtre lui aussi, a été violé à Bétharram.

Il m'explique que son frère (je parle là non de titre catholique, mais bien de liens de sang) a été violé par Henri Lamasse[1], un vieux prêtre vivant aujourd'hui à la maison de retraite et déjà mis en cause dans

1. Nous rappelons qu'à ce stade la personne est présumée innocente.

plusieurs Cerfa. Je suis moins surpris par cette prétendue révélation dont une victime ancienne de Bétharram, Jean-Marie, m'avait déjà parlé, que par le message qu'elle contient.

— Dire cela, je m'étrangle, ça revient à dire que puisque vous supportez très bien de cohabiter (littéralement, puisque vous le croisez tous les jours à Bétharram !) avec un violeur, nous devons subir nous aussi en silence !

— Nous avançons à petits pas, se défend le père Bacho. Ne pourrait-on pas plutôt envisager une messe de réconciliation ?

— Une messe de réconciliation ? Vous avez brisé des vies pendant des décennies et vous voulez vous en tirer avec une simple messe ! Mais vous plaisantez, j'espère ?

Les représentants de l'Institut Louis Joinet se rangent de mon côté. Les vicaires proposent, quant à eux, que l'on se revoie plus tard.

— Nous ne nous reverrons plus tant que vous ne céderez pas sur le cadre initial présenté. Il va falloir m'expliquer pourquoi pour le barème des indemnisations, une agression sexuelle par un prêtre serait plus grave et donc plus fortement indemnisée qu'une agression sexuelle commise par un laïc. Quelle différence entre le sexe d'un prêtre et celui d'un laïc ! Si les laïcs se sont conduits comme ça, c'est que votre irresponsabilité et l'absence de garde-fous leur permettaient d'agir. Sortez du déni et rendez-vous compte de la gravité des faits : vous couvrez des violeurs à Bétharram !

— La congrégation n'accepte pas ce terme, dit Ruspil. Nous ne couvrons personne.

Le prêtre parle avec grand calme tandis que je sens bouillir en moi une colère prête à exploser.

— Mais bien sûr que si ! Ça vous fait peut-être mal de le reconnaître, mais c'est la vérité !

Même Pascal commence à s'énerver. Il m'apporte son soutien.

— Moi je ne suis pas pour l'argent d'habitude, mais bon. Vous nous serviez de la merde dans les assiettes… Au bout d'un moment, il faut assumer ! Vous pourriez au moins nous rembourser les frais de scolarité.

— C'est à vous d'assumer, non en tant que congrégation ni en tant que prêtres, mais en tant qu'hommes.

Avant de clore ce simulacre de résolution, et devant leur immobilisme suranné et ridicule, je me lève du siège sur lequel je trépignais depuis le début de la réunion et leur lance :

— Ce n'est pas vous le prêtre de Bétharram, c'est moi !

La phrase m'échappe. Plus jeune, j'ai eu la vocation de devenir prêtre. Aujourd'hui, je n'en ai pas la carrière, mais je me sens très proche de la mission. Je collecte la parole comme d'autres la confession. Et devant le refus des pères d'accéder à nos demandes, je les vois comme des usurpateurs. Ils osent se présenter comme des hommes de Dieu ! C'est un instinct de protection qui m'assaille : des petits en souffrance, du lieu que je considère comme mon chez-moi, et du rôle même de prêtre. Ce n'est pas qu'une ordination, mais une responsabilité divine qu'il faut savoir incarner dans les faits.

Je suis excédé car en croisade. Ceci est mon combat. Je ne laisserai pas ces deux représentants de la foi affaiblir mes ambitions pour la protection des enfants.

Ma déception est à la hauteur des espoirs que je mettais dans cette réunion : immense. Plutôt que de lancer une réflexion collective sur les problèmes de fond que pose l'affaire de Notre-Dame de Bétharram, les autorités religieuses tergiversent. Mes victimes dans le cœur, je me sens si seul. Peut-on essayer de panser les blessures et de penser à la suite ? Comment éviter qu'un scandale du type de celui de Bétharram ne surgisse à nouveau ?

Quant aux autorités politiques, elles préfèrent lister une à une les raisons d'accuser François Bayrou. Il savait et il n'a rien dit ! Trois sur six de ses enfants, à commencer par son aînée Hélène, en passant par Calixte, le petit dans la classe de Marc lors de la punition en slip au perron de 1995, ont fréquenté Bétharram. Sa femme a dispensé les cours de catéchèse à Bétharram. Françoise Gullung témoigne sur *Médiapart*. Tout accuse l'actuel maire de Pau ! Dans cette histoire, on ne fait qu'accuser et personne ne semble se préoccuper de la suite. Après les plaintes, quand suivront d'autres plaintes, puis d'autres plaintes qui suivront d'autres plaintes, que ferons-nous ? Nous pouvons bien fermer Bétharram, ça ne réglera pas le problème !

Maintenant que la presse française publie des papiers en faveur de mon combat, je constate que les réactions autour de moi ont un peu évolué. J'entends des « Super ce que vous faites », « Bravo, quel courage ! ». Est-ce que la gêne a disparu ? Elle existe toujours, mais elle n'est plus acceptable, ça tout le monde l'a compris. J'observe les langues se délier. Les gens ont moins peur d'aborder les sujets qui fâchaient jusque-là. Je reconnais que ça fait du bien. Au supermarché, à la boulangerie, au bureau, ils disent tous : « Plus jamais ça. » Ils accusent l'époque, ces satanées décennies 1980-1990, où les gens tapaient sur leurs gosses. J'entends trop peu de personnes, sauf peut-être certaines mères, assumer leur part de responsabilité, s'excuser de ne pas avoir prêté suffisamment attention quand des enfants se prenaient un coup de chevalière pour un stylo ramassé au sol ou se faisaient sodomiser sous une tente, reconnaître leur silence. Peut-être ont-ils préféré parfois détourner le regard, passer leur chemin, choisi de ne pas savoir, ne pas voir, ne pas entendre, de minimiser…

Comment accepter, comprendre ce déni collectif ? Comment expliquer que les enfants ne soient pas parvenus à parler pendant au moins quatre décennies ? Que les rumeurs n'aient pas sorti les parents de leur léthargie, à défaut de les alerter ? Pourquoi personne n'ose dire ou exprimer son malaise ? Pourquoi intuitivement a-t-on pour premier réflexe de le réprimer, de le taire. Cet aveuglement est une violence latente qui s'exerce de la part de toute une société. Plus j'ai les mains dans le cambouis de la violence faite aux enfants, plus j'y pense et moins je ne trouve de solutions viables.

Je m'interroge sur le sens de mon combat, maintenant que l'affaire s'étale en une des journaux et des magazines. Ce que traverse notre époque me déconcerte : la presse fait état des scandales et des maltraitances physiques et/ou sexuelles auxquelles il faut mettre fin. C'est le cas à Bétharram, mais aussi dans d'autres institutions, où ont eu lieu d'autres comportements inappropriés que notre société veut bannir. Les victimes prennent la parole, les autres les écoutent. Voilà déjà une grande avancée. Mais cela ne me suffit pas. Oui, l'époque a changé et nous ne tapons plus sur les enfants comme ce fut le cas dans mon enfance. J'ai tout de même le sentiment que nous pouvons aller plus loin. Je me sens impuissant et désespérément seul. Je ne veux pas que la page Bétharram soit refermée sans que des leçons aient été tirées pour notre société tout entière.

C'est dans cet état d'esprit que le 21 février 2025, je décroche mon téléphone à l'appel d'un numéro que je ne connais pas. Les dénégations du Premier ministre ont eu le mérite de mettre sur le devant de la scène médiatique mes alertes. Si quelques Français étaient encore ignorants des agissements pervers de Bétharram, cela n'est aujourd'hui plus possible ! Depuis quelques jours, les appels des victimes qui attendaient que la grande porte de la parole s'ouvre pour oser raconter ne cessent de se multiplier.

— Allô ?

— Bonjour Alain. Je m'appelle Hélène. Je suis la fille de François Bayrou.

— Ah ? Euh… oui, bonjour.

— Je crois que nous avons des choses à nous dire.

19.

Hélène

Le dimanche suivant, nous organisons une visioconférence pour pouvoir nous rencontrer. Hélène m'explique qu'elle a changé de nom dès que la loi le lui a permis. Elle n'en pouvait plus d'être *la fille de*, assimilée partout à son père comme si elle, avec son parcours intellectuel si libre, était incapable d'être autre chose que le perroquet ou la détractrice de celui qui lui avait donné la vie. Ce cloisonnement, elle y tient comme à la prunelle de ses yeux. Le ton est donné. Elle n'est pas là pour parler du « scandale Bayrou » ; c'est bel et bien l'affaire Bétharram qui motive sa prise de contact.

— Je ne suis pas là pour dire une énième fois « plus jamais ça ! », comme à chaque fois qu'on découvre l'horreur, amorce Hélène avec verve. Je crois aux rencontres qui bouleversent l'ordre des choses. Nous tous, bien sûr. Parce que, si j'ai pu venir vers toi, c'est que tu l'as toujours su, au fond, qu'à Betharram, personne n'était protégé. Tu l'as toujours su.

Comme avec n'importe laquelle des victimes, nous nous tutoyons immédiatement. Hélène parle avec une candeur qui me bouleverse. Je me figurais une femme distante, voire méprisante – elle et moi sommes si éloignés sur l'échelle sociale. Avec surprise, je la découvre chaleureuse et bouillonnante. Les êtres capables de légèreté quand il s'agit d'aborder des sujets douloureux sont rares. Hélène en fait partie. Je n'aurais jamais pensé qu'une fille Bayrou puisse être comme ça.

— Bétharram n'est pas un fait divers, poursuit-elle. C'est une chambre d'interrogation du déni de tous et de toutes. Du déni, pas du mensonge ! De tout ce qui nous empêche de faire une réalité des scènes que nous avons vécues.

Elle m'explique que mon combat lui parle. Cela fait des années qu'elle réfléchit à ce que nous pouvons faire de nos expériences malheureuses à Bétharram. Notre rencontre, m'assure-t-elle, est l'occasion rêvée de réfléchir ensemble. Derrière mon écran, je suis doublement déconcerté. D'abord, par sa démarche. Puisque le sujet met son père en difficulté, je n'imaginais pas qu'elle s'impliquerait comme elle dit vouloir le faire. Or, c'est ça le libre arbitre ! Et Hélène incarne très bien cette notion. J'en suis immédiatement admiratif. Et puis, je suis troublé par ce que je comprends, en creux, de son discours. Je ne m'y attendais pas, mais j'en suis certain : derrière l'allégresse et la passion, Hélène a souffert à Bétharram.

— Et toi, tu as vécu des violences ? je demande.

Tandis que mon collège était réservé aux garçons, à six kilomètres de là, un second établissement de la même congrégation accueillait les filles jusqu'en seconde. Les filles d'Igon et les garçons de Bétharram ne se retrouvaient qu'en première et terminale. Dans le quatrième corpus que je dépose au parquet de Pau, j'ai le témoignage d'une jeune fille d'alors. Elle dénonce des faits de harcèlement par le personnel de l'établissement. C'était la première fille à me contacter. Hélène est la deuxième.

Hélène a quatorze ans quand elle rejoint pour la première fois le camp des Gais Montagnards, une colonie de vacances pour adolescents dans les Pyrénées. Le camp est organisé par l'abbé Lartiguet[1], un curé officiant régulièrement à Igon qui, semble-t-il, ne l'aime pas beaucoup. Ce gros homme bourru et rougeaud, curé du petit village d'Asson, s'affiche ostensiblement avec une religieuse de l'établissement. Et les deux ont particulièrement à l'œil la petite rousse qui résiste à leur catéchisme hypocrite : en sixième, elle avait mis un peu le bazar pendant la retraite de préparation à la communion solennelle à Pont de Camps. Le dernier jour, alors que l'abbé les appelait pour prendre le bus retour, Hélène et ses copines, dans une velléité d'évasion clownesque, s'étaient mises à grimper une colline de terre avant de trébucher et de dégringoler au pied du religieux, couvertes de boue et hilares, sous son nez. Le catholique n'avait pas eu l'air de trouver cela amusant.

— Toi, la fille Bayrou, lui avait-il lancé en pointant du doigt l'entrée du car. Insolente, comme ton père.

La vengeance est un plat qui se mange froid. Quatre ans plus tard, l'été, Hélène s'inscrit dans la structure sportive que l'abbé a lui-même mise en place. Pour Hélène, tout va bien. Elle aime la montagne, les randonnées, l'escalade. Allègre et

1. Nous rappelons qu'à ce stade la personne est présumée innocente.

sociable, comme d'habitude. Puis vient la soirée à la belle étoile. Toute la colo est présente. Les guides, les moniteurs, le débonnaire abbé Larrouy, amateur de randonnées, le couple de cuisiniers (le mari est maire d'un village du coin), les jeunes... Une quarantaine de personnes déballent joyeusement leurs sacs de couchage. Hélène ne sait même pas par où il arrive. Lartiguet la saisit par les cheveux et, en la tirant ainsi, la traîne au sol sur plusieurs mètres. Sans mot dire. Puis des coups de pied et de poing partout. Des coups de pied et de poing d'un homme de 120 kg au bas mot. À la tête. Dans le ventre surtout. Jusqu'à ce qu'elle s'urine dessus et qu'il obtienne finalement ce qu'il cherchait : sa honte. Alors il la laisse là, à l'écart du groupe, dans son sac de couchage plein de l'urine de l'effroi dans lequel elle va baigner, prostrée, toute la nuit.

— Peut-être que comme ça, dit-il en s'éloignant, elle va arrêter de sourire.

Autour d'elle, rien ne bouge.

— Tu le connais, ce regard des gens, Alain ! m'interpelle-t-elle. Ils sont épinglés au mur comme des papillons morts. Ils n'approuvent pas, je le sais. Personne ne peut être d'accord avec ce qu'il vient de se passer. Mais dans leurs yeux, il n'y a rien. Ils sont sidérés. Ils ne t'offrent pas la moindre possibilité de dire qu'ils ont vu quelque chose ni d'en reparler. Ils sont là, mais ils sont absents. Après ce soir, ils auront été témoins, mais resteront à jamais des « témoins-de-rien ».

Le lendemain, elle a des bosses grosses comme des œufs sur le crâne et le corps couvert d'ecchymoses. Sa tête résonnera pendant plusieurs jours d'acouphènes insupportables. Personne ne lui dit rien. En elle, Hélène se fait une promesse. *Tu ne m'as rien fait, connard. Je ne montrerai pas que je souffre. Je ne serai jamais ta victime. Je vais sourire deux fois plus. Je ne suis pas cassée. Je ne suis pas cassée.*

Et ce qui passe pour de la résistance est en réalité le creuset du refoulement. Elle n'en parle pas à son député de père, ni à la fratrie, ni à personne. Jamais. Comment pourrait-elle le faire ? L'absence de logique, ou de mots posés dessus, de débrief avec les campeurs présents, ou a minima avec elle-même, fait de cette violence extrême, puisqu'elle ne trouve aucune accroche à la réalité, un non-événement. Un trou dans la continuité de son existence.

Le trou vit en elle pendant des années. En apparence, Hélène ne change pas. Effrontée et irrévérencieuse. En première, elle rejoint les garçons à Bétharram. L'ambiance y est très différente. Presque décontractée, si ce n'est que tout est anormal. La pédophilie, elle crève tellement les yeux que forcément, c'est trop gros pour être vrai. *S'ils passaient à l'acte, ils se cacheraient.* Les adolescents parlent de masturbation avec Poupi, le prêtre qui dispense le catéchisme ; « Pratiquez-vous le plaisir solitaire ? », demande le religieux en susurrant. « Tu veux voir Poupi ? Tu veux qu'on te montre ? », plaisantent grassement les élèves. Et tout le monde rit dans un brouhaha improbable. Ça fume du shit dans le foyer : Carricart leur demande juste en rougissant d'aérer comme s'il ne voyait pas le problème. Hélène participe, comme tout le monde en A2[1], au bazar en classe, et c'est normal. Il n'y a aucune discipline ; c'est le désordre. Et en parallèle de ce désordre faussement toléré, se poursuit la violence, verbale et physique.

Après le baccalauréat, elle connaît, dans le public cette fois, d'autres agressions physiques collectives. Puis elle construit une famille, a des enfants, fait carrière. Jusqu'au scandale Bétharram.

Il y a quelques jours, elle est contactée par le quotidien *Sud Ouest*.

— J'ai un témoignage qui vous implique, assène le journaliste. Un ancien lycéen assure que vous étiez

1. Ex-appellation pour les filières art et littérature au lycée.

présente lors d'une rouste qu'un surveillant lui a administrée. Vous vous en souvenez ?

À l'évocation de ce souvenir, elle a comme un vertige : elle revoit son copain, des années en arrière. Il est assis pas loin d'elle dans l'immense salle d'étude. À l'horloge, il n'est pas 19 heures. Encore quelques minutes à être coincés ici. Certains travaillent, beaucoup subissent en silence. Le surveillant – Hélène est incapable de se rappeler duquel il s'agit –, raide, marche d'un pas si lent qu'il en est inquiétant. Comment ça commence ? Elle ne saurait le dire. Il n'y a pas de mots échangés, pas d'altercation. La raison s'absente de la pièce quand le surveillant saisit la tête du camarade à ses côtés et la frappe à plusieurs reprises. Les coups font un bruit mat. Ça cogne dans le silence. Quand ça se termine, elle et tous les autres lui renvoient le même miroir sans tain que la soirée à la belle étoile. C'est le calque de son tabassage à elle. Mais cette fois, elle est de l'autre côté. Dans sa plainte, le camarade dit qu'il a vu dans les yeux d'Hélène « un regard d'effroi ». Il ne pouvait pas savoir, le pauvre, que cet effroi, c'était le sien à elle, que c'était son agression qu'elle revivait sous ses yeux à lui. Et qu'ils ne risquaient pas de parler, non, même pas entre eux, surtout pas entre eux.

— Ces passages à tabac ne sont jamais produits dans un discret coin de couloir, mais devant des dizaines de personnes à chaque fois, analyse Hélène. Intuitivement, ils ont trouvé le paradoxe le plus pervers : plus il y a de témoins, moins ça parle.

Moi qui croyais que le statut social protégeait des élèves de Bétharram, je réalise que ce n'est pas si simple. Certains, comme Hélène, portent une croix plus lourde que la mienne.

Depuis un an, j'ai eu du beau monde au téléphone – à faire pâlir Bétharram et sa prestigieuse liste de *fils de*. Des députés veulent mon avis ; des avocats me sollicitent pour que je les aide à faire évoluer la loi ; les journalistes stars des chaînes historiques me réclament sur leurs plateaux. J'ai même rencontré le Premier ministre ! J'ai rarement été aussi impressionné par quelqu'un que par Hélène. Le discours qu'elle me tient est étrangement réconfortant. Elle me dit que cela fait quinze ans qu'elle réfléchit à cette question du déni collectif. Comment est-ce possible de ne pas prendre en compte ce qui est sous nos yeux ? C'est la première fois qu'une main m'est tendue pour amorcer une réflexion plus large que celle sur Bétharram ou les pensions.

— La société ne peut regarder ces violences qu'en se sentant coupable ou paralysée, me dit-elle. Il faut sortir de cette alternative. Nous devons être capables de dire : « Effectivement, nous n'avons pas vu ça, n'avons rien dit. Que pouvons-nous faire différemment et mieux ? »

— Moi, je ne suis pas philosophe. Quelle traduction concrète pourrions-nous faire de ta pensée ?

— Je voudrais cheminer sans culpabiliser ceux qui n'ont ni parlé, ni vu, ni compris, parce que c'est ça qui empêche les gens d'interroger la réalité près de chez eux, celle à laquelle ils sont intriqués. La justice fera son travail, elle punira, mais nous, êtres sociaux, nous avons besoin de nous libérer du déni. On est tous sidérés par les listes de victimes, les viols et les sévices qu'on découvre partout. Alors, imaginer ses propres enfants ! Et toi et moi, avec nos deux trajectoires qui se rejoignent, on a tout d'un coup l'impression qu'on a le même projet. Leur dire : « On sait pourquoi vous n'avez rien vu – et nous non plus en fait – on le sait, parce que la structure Bétharram, on l'a connue de l'intérieur ! Et on en a à vous expliquer sur ces structures qui abritent le viol ! » Quand la vie t'amène à rencontrer quelqu'un qui a les mêmes intuitions que toi, c'est un drôle de cadeau ! Tu voudrais le laisser passer, toi ?

Des choses très dures viennent d'être prononcées. Il y a la souffrance et l'injustice. Pour autant, je sors de cet appel tourbillonnant plein de l'enthousiasme qu'a insufflé la personnalité solaire d'Hélène. Nous décidons de nous rencontrer rapidement, dans l'espoir de porter ensemble cette nouvelle ère qui s'amorce dans laquelle tout reste à construire. En guise de conclusion, Hélène m'adresse ce sourire gigantesque d'insolence qui décidément est chez elle une caractéristique et, comme un manifeste, elle proclame :

— Nous n'allons plus vivre comme avant, Alain. On ne se prendra plus jamais dans la gueule qu'on a remis nos enfants chez les ogres.

20.

Dieu dans tout ça

Alors qu'il est au volant de son camion de déneigement, un ancien élève de Bétharram entend une de mes prises de parole. Même quarante-quatre ans plus tard, il me reconnaît immédiatement. *Alain Esquerre*. Aussitôt, il se met à rajeunir. Remontant année après année, comme s'il se trouvait dans une machine prévue à cet effet, son esprit quitte la station de ski qu'il était en train de déneiger pour gagner la station de la Vierge dans laquelle nous jouions aux aventuriers. Une fois arrivé au point exact où tout a basculé, et dans un processus commun à chacune des victimes, l'homme prend mentalement dans ses bras l'enfant qu'il a été. « Ça va aller, Jacques. Maintenant, tu es en sécurité. »

Quand Jacques m'a appelé la première fois, j'ai peiné à le reconnaître. Le garçon espiègle que j'admirais en classe de CM1 avait été englouti par les années, et c'est un homme taciturne, renfermé même, qui me racontait son histoire.

Comme tant d'autres, Jacques avait été agressé par Damien Saget un jour qu'il se rendait à l'infirmerie. Lui qui, en souvenir, personnifiait pour moi l'innocence de l'enfance, avait été atteint par la cruauté des hommes. Quel enfant de Bétharram ne l'avait pas été ?

Depuis dix-huit mois de lutte pour la vérité et la justice, je me suis entretenu avec un nombre incalculable d'anciens du collège, mais les retrouvailles avec mes contemporains, comme Jacques, ont le don de me réconforter plus que les autres. Elles raniment l'enfant que j'ai laissé hagard au milieu d'une cour d'école. Jacques me parle de notre petite escapade mariale et l'enfant en moi, effervescent, surgit des entrailles du malheur et du trauma. Par le ravivement des souvenirs, mon camarade et moi entrevoyons l'idée qu'une certaine joie ait pu exister là-bas. Voilà qui répare. Ces conversations grâce auxquelles le dialogue se substitue au silence ont, pour moi, une dimension sacrée. Je ne parle pas au figuré. Elles me rapprochent de Dieu.

Bien que la religion ait toujours plané sur ma vie, j'ai perdu la foi quand j'ai réalisé la duperie organisée dont nous avions été victimes. Ces hommes de Dieu que nous prenions pour des modèles de vertu, ces exemples de piété à suivre, ont trahi nos petits cœurs catholiques. Ils ont perverti notre définition encore chancelante de l'amour. Certains ont même utilisé les rites, comme le cérémonial du pardon, pour nous atteindre dans notre chair. Combien de victimes se sont vues justifier par la nécessité d'aimer Dieu sans condition ce qui était en réalité des viols ? À Bétharram, nous n'avons pas seulement été agressés, nous nous sommes fait avoir par de prétendus messagers du Seigneur. Quitte à affaiblir jusqu'aux racines de notre culture judéo-chrétienne, ces hommes d'Église ont trahi la confiance sans faille des enfants avides de connexion avec le divin ; celle de nos parents qui remettaient la chair de leur chair entre leurs mains ; celle de l'État, bien que laïc, puisqu'il s'agit d'une école sous contrat. C'est pourquoi les violences qui se sont produites à Bétharram ne peuvent être traitées uniquement comme des crimes ou des délits pénaux. Ne pas les passer au crible de la religion serait rater tout un pan de leur gravité. Si elle est une congrégation enseignante, Bétharram est d'abord une congrégation missionnaire. Présente en Afrique, en Amérique du Sud et en Asie, elle compte soixante et onze maisons à travers le monde. Leur responsabilité déborde de loin le Béarn. Comment peuvent-ils continuer à nier l'évidence ? Ils n'ont pas fait ce qu'il fallait pour protéger les plus jeunes de leurs fidèles. Nous avons besoin de l'entendre.

Au début de l'année 2025, les Bétharramites ne partagent pas mon point de vue. Après notre rendez-vous de l'automne, nous n'avons plus eu de contact officiel, mais je continue à faire ma balade traditionnelle du soir le long du gave. Un dimanche, je croise le père Ruspil. Il me salue sans effusion. Opiniâtre, je lui demande ce qu'il pense de toute cette affaire. « Compliqué » est, je crois, le terme qu'il choisit pour me répondre. Et j'imagine que c'est effectivement compliqué de vivre à vingt mètres du prêtre qui a violé votre frère – le père Lamasse, qui officie toujours pour des messes privées, fait partie des trois hommes à avoir été placés en garde à vue, bien que la prescription le protège pour l'heure de poursuites. Et puis le vicaire me laisse. Il y a un match de rugby ce soir. Il ne voudrait pas rater le coup d'envoi.

Patience est mère de toutes les vertus. Le 4 mars 2025, mon téléphone se met à crépiter. Mes contacts sont nombreux à me porter la bonne nouvelle : le père Bacho vient de reconnaître la responsabilité de l'établissement dans les violences faites au sein de Notre-Dame de Bétharram. La congrégation va créer un fonds d'indemnisation pour les victimes de violences sexuelles prescrites commises par des laïcs[1]. C'est précisément ce que je leur ai demandé il y a cinq mois, et qu'ils ont refusé sans négociation aucune. C'était ma dernière ligne rouge. L'information me libère d'un coup d'un poids : rien n'est fini (peut-être que le travail de collecte durera jusqu'à la fin de mes jours), mais une partie de mon devoir est accomplie. Contre l'avis de ceux qui me disaient que cela ne servirait à rien (y compris des victimes), je me suis battu pour ça. Je peux respirer.

La semaine suivante, l'évêque de Bayonne, l'un des plus traditionalistes du pays, Mgr Marc Aillet, reconnaissait avoir su qu'il y avait à Bétharram des violences et n'avoir rien dit : « On étouffait les choses pour ne pas entacher l'institution. » La parole se libère et elle circule. Les oreilles les plus intégristes se rendent disponibles. Une nouvelle ère est en marche.

Cette nouvelle me rassure. Ces propos feront jurisprudence. Plus jamais nous ne pourrons accepter

1. Depuis sa création en 2021, la Commission reconnaissance et réparation (CRR) mise en place par l'Église n'indemnise que les victimes de violences commises par des religieux.

de mettre un voile sur des agissements aussi graves. Depuis plusieurs semaines, je sens monter la colère d'autres victimes, celles que j'appelle « les petits Bétharram » : des élèves d'établissements catholiques (Saint-François-Xavier à Ustaritz, Notre-Dame du Sacré-Cœur à Dax, mais aussi plus loin, Saint-Dominique à Neuilly-sur-Seine, Saint-Pierre dans le Finistère) prennent la parole pour dénoncer des agressions et des viols dans leurs écoles. La réponse des autorités bétharramites, même si elle survient tard, imposera une ligne franche à tous les autres.

Le samedi 15 mars 2025, le vicaire Jean-Marie Ruspil reconnaissait à son tour le caractère systémique des violences commises à Bétharram et annonçait confier à l'Institut Louis Joinet, dont les représentants avaient assisté à nos échanges houleux en novembre, le pilotage d'une commission d'enquête indépendante.

D'aucuns diront qu'ils ont cédé sous la pression médiatique. Permettez-moi d'être plus nuancé. Bacho, Ruspil et les autres pères et frères de Bétharram ont, pour moi qui les ai fréquentés ma vie durant, vécu une prise de conscience sincère. J'ai peut-être perdu confiance en ma religion en réalisant que les hommes d'Église n'étaient que des hommes, comme tous les autres; je n'ai pas perdu foi en l'humanité. Leurs conférences de presse, aussi lentes soient-elles à s'organiser, font passer l'Église catholique tout entière de la sidération à l'acceptation collective. La partie n'était pas gagnée d'avance. Ceci est un miracle à grande échelle.

Et puisqu'un miracle est toujours sous-tendu par une croyance, je le dis : nous avons eu raison de croire, plus fort que les autres, que notre silence n'était plus une option.

Conclusion

Quels adultes serions-nous devenus sans Bétharram ? La question revient souvent chez les victimes. Certains auraient peut-être été des hommes plus ouverts, moins renfermés et donc plus disponibles avec leurs conjoints et enfants. Beaucoup n'auraient pas connu de problèmes avec l'alcool ou les stupéfiants. Il y aurait eu moins de divorces et moins de dépressions. Assurément, plus de bonheur. À la place, je continue de rencontrer de grands gaillards de cinquante ou soixante ans qui fondent en larmes à l'évocation des sévices qu'ils ont subis, comme s'ils étaient restés coincés à l'internat. La plupart ne sont pas parvenus à construire une vie familiale stable. Beaucoup ont traversé des épisodes dépressifs avec un taux élevé de tentatives de suicide. Nos pensées vont vers les familles ayant perdu un fils, un frère ou un cousin et qui errent, des années après son suicide, en quête de réponses. Elles ont été nombreuses à contacter le collectif et j'espère que nous pourrons leur apporter un soutien. Les violences physiques et sexuelles n'ont laissé personne indemne. Ce serait un leurre de refermer ce livre en pensant que tout est gagné.

Avec la création du collectif, beaucoup de victimes se sont ouvertes à leurs proches pour la première fois. Certaines ont entamé une thérapie. Moi-même, je faisais régulièrement des cauchemars. Depuis, cela ne m'arrive plus. C'est la force du témoignage : il ouvre une voie à l'enfant tapi dans le passé. À l'écrit ou à l'oral, parler permet d'entrapercevoir un futur dans lequel nous ferons mieux. Témoigner pour sortir de l'ombre et refuser à tout jamais d'y retourner. Pour être écouté et cru, aussi. Dans ce processus, nous avons tous un rôle à jouer. Je rêve d'un monde où nous ne demanderons plus qui nous serions devenus sans traumas, mais plutôt : comment agir collectivement ?

Je vous conjure, vous qui allez refermer ce livre, de ne plus regarder ailleurs. Le silence de Bétharram est celui de toute une nation, pas seulement d'une époque. Quelle que soit votre place, sentez-vous responsable de la société dans laquelle nous vivons. Nos représentants politiques sont, bien sûr, particulièrement visés par ces recommandations. Nous avons besoin de vous pour veiller. Un nouvel observatoire des violences sexuelles commises au sein des internats devrait voir le jour. J'espère en prendre la tête. Je plaide également pour la création d'un corps d'inspection dédié aux contrôles des internats et des équipes éducatives d'encadrement en leur sein ; pour un statut national de victime de violences physiques et sexuelles dans les établissements scolaires, permettant une indemnisation ou une rente pour payer la thérapie ; pour un principe de cofinancements de ce fonds par un forfait payé par tous les collèges et lycées, incluant une surcote dans les établissements et congrégations où des abus auraient déjà été commis ; enfin, pour l'impossibilité d'accueillir des enfants de moins de 14 ans dans les internats – sauf dérogation donnée par une autorité compétente.

C'est dans l'adversité que l'on découvre la grandeur d'âme. Cette aventure m'a fait rencontrer des personnes extraordinaires. Des victimes bien sûr, qui sont allées rechercher et trouver dans les interstices du malheur une voie pour survivre. Je chante ici les louanges de ces rescapés. Des parents d'élèves qui se sont battus à temps, ou qui se sont rendu compte trop tard de leurs omissions, et ont alors eu le courage de présenter leurs excuses à leurs enfants – ces mots pansent déjà nos plaies. L'avocat Maître Thierry Sagardoytho qui s'est engagé à nos côtés. Ensemble, nous formons une communauté et construisons, j'en suis certain, un futur réjouissant. Je souhaite maintenant tendre la main à tous ceux qui désirent nous rejoindre dans cette aventure. À tous ceux qui lisent ce livre sans être pour autant concernés de près par ce scandale, qu'ils sachent qu'ils sont les bienvenus.

Si le temps ou l'énergie vous manque pour venir nous rencontrer, le collectif tient à rappeler que parler avec respect à un enfant, l'écouter attentivement et lui apporter l'affection nécessaire pour qu'il reconnaisse sa propre valeur est déjà un pas immense vers une réalité où sera brisé à jamais le silence de Bétharram.

Les enfants de Bétharram

C'est une maison sur la colline,
Perdue au creux des Pyrénées,
Où le secret fait des racines
Dans les cœurs trop abîmés.

Dans la chapelle, un Christ en plâtre
Tourne la tête un peu gêné,
Et sous l'encens des petits prêtres,
Les innocences sont violées.

On disait : « Ici, c'est l'espérance,
Un refuge pour les gosses perdus. »
Mais dans le fond des silences,
Y'avait des cris jamais entendus.

Les enfants de Bétharram
Ont grandi sous des mains trop lourdes,
Des cauchemars dessous les draps
Et des ombres sur les épaules.

Les enfants de Bétharram
Ont des soleils en pointillé,
Des rires volés aux jours de larmes
Et des printemps à réparer.

On leur disait : « Dieu vous éclaire »,
Mais dans le noir des sacristies,
Y'avait des bruits, y'avait des serres,
Qui étranglaient l'amour de vie.

Y'avait ces ombres dans les couloirs,
Un chapelet dans chaque main,
Et des prières comme des mouchoirs,
Pour étouffer les souvenirs orphelins.

Y'avait ce froid sous les statues,
Et ces doigts qui forçaient l'enfance,
Des âmes brisées qu'on a cousues,
D'un fil de honte et de souffrance.

Les enfants de Bétharram
Ont grandi sous des mains trop lourdes,

Des cauchemars dessous les draps
et des ombres sur les épaules.

Les enfants de Bétharram
Ont des soleils en pointillé,
Des rires volés aux jours de larmes
Et des printemps à réparer.

Et maintenant, que disent les cloches ?
Elles sonnent creux, elles sonnent faux.
Les yeux baissés, la lèvre moche,
Les juges prient dans leurs bureaux.

Mais un jour viendra la tempête.
On griffonnera sur la pierre
Les noms des bourreaux, les défaites,
Et la mémoire en lettres fières.

Les enfants de Bétharram,
Ont des soleils en pointillé,
Des rires volés aux jours de larmes,
Et des printemps à réparer.

Poème envoyé par un anonyme
ému par notre histoire
18 février 2025

Mis en examen pour viol et agression sexuelle, Patrick Martin est présumé innocent.

Les faits concernant Damien Saget et le père Henri Lamasse sont à ce jour prescrits.

Remerciements

Je tiens avant tout à remercier toutes les victimes qui m'ont fait confiance et m'ont livré leurs secrets les plus intimes. Je loue votre courage.

Je remercie également Maître Sagardoytho pour ses encouragements et ses conseils pour m'aider dans ma recherche pour la vérité, ainsi que les journalistes pour l'avoir rendue visible.

Enfin je remercie Tiphaine Pioger pour sa plume, son aide et son soutien précieux.

Table des matières

Composition
PRESS·PROD

Imprimé en France par
CPI Brodard & Taupin
en avril 2025

Dépôt légal : avril 2025
N° d'impression : 3060997
ISBN : 978-2-7499-6240-5
LAF : 3634